奇・珍・難・不思議「名字」百科

佐藤芳也

文藝春秋
企画出版部

はじめに

一、イ、悪、𱁬、日本、五輪、唐桶、一二三、世界一、法領田、言語同断、春夏秋冬、十二月三十一日などなど……。

何ですか、何が言いたいのですか？　これ、名字です。すべて「御名字」なんです。

えッ！　えエー！　名字？

そうなんです、大事に扱ってくださいよ、宝物ですから。これから夢のような奇、珍、難、不思議な名字百科を展開してまいります。リアルな名字の数々。改めて日本国の名字の偉大性について再確認できるチャンスがまいりました。「妙字」ではありません。「御名字」なんです。よろしくお願いいたします。

日本人の名字は世界でも例を見ないほど数多く、その種類は10万とも多くは30万とも存在すると言われています。同じ名字でも呼び名が複数存在し、それぞれの個性を表現しているものと言えます。

授かった名字の由来は、その人（ご先祖）の生まれた場所、地名とか地形、そしてその人の職業などによるものが多く、その地方の偉人・有力者から授かったという例もあります。また、世界的にも例がないと言われているほど、珍で奇で極端とも思われる名字も数多く存在しています。

一字の名字、二字の名字、三字、四字、それ以上の名字、また先ほど紹介しました「名字でないような名字」、そしてレアな名字が数多くあります。

名字は言うまでもなく、自分で選択できるものではありません。生まれたとき既に決まっていて、結果論ですが授かったものとして、ご承知のとおり一生をともにしてゆかねばならないものです。生涯にわたって、自分の名字を愛してゆくべき義務、任務のような使命があり、一種の愛する自分の背番号でもあります。

これから紹介します名字は私が二十数年にわたり蒐集しました名字の数々であります。出版された名字の専門書を参考に列記したつもりですが、まだまだ未記載の名字がある様に思います。先ほど申しました名字、えー！　これ名字なの？　と言わざるを得ないものなど数多くあります。

授かったものです。一生愛し続け、子孫代々に大切に引き継いでまいりましょう。

目次

※名字の掲載順は全て画数順であり重複掲載があります。

第一章　名字の世界

名字の定義

名字の蒐集を趣味として二十数年間……。日本人の名字の不思議に魅せられ、名字とは何か？　を探究してきました。それにしても不可解な現実が多すぎます。これが結論です。漢字と漢字の組合せから成り、「はじめに」に述べましたように、日本社会や日本列島の地名、地形、自然、職業等から大半が採用され、「名字」が成立しました。世界一、数多くの多種多様な名字が存在しています。日本人で名字のない人はいません。生まれてきたとき既に決まっていて変更はほぼ不可能。その名字を一生背負って共存し、愛し、永い生涯を友とするものです。

その家系の方々からすれば、それなりの意義定義があるもので、他人様がとやかく言うものではありません。ご先祖から授かったものだけに受け継ぐ者として、役目は計りしれず大きく重いものがあります。

過去に出版された「名字」に関する書籍では、執筆された先輩諸氏の「名字の定義」についてて色々な角度から紐解かれています。いくつか紹介してみます。

●名字は人間の表玄関である。

●名字はその個人や家族を表わす重要な役目を果し、ご先祖から代々伝えられてきた歴史あるもの、金では買えない貴重な家宝とも言えるもの。

●人はこの世に生を受けた途端、姓名を与えられ、一生、それを背負って歩まねばならない。そこに自分の意志が介在する余地はない。己の姓名に満足できず不満をもちながらも、いつしか自然に自分の姓に馴染む者がほとんどで、我が姓名に愛着を持ち、さらに誇りを持っているかどうかは、結局その人の生き方次第だろう。

●名字は個々の人間を血縁的な関係にもとづく集団と結びつけ、また、識別することの必要な社会において成立したもの。

●名字にはご先祖から代々伝えられてきたルールや生き様が込められており、その由来を知ることで一族の来歴を紐解くことができる。

●名字はご祖先の残してくれた最大の文化遺産である。
●名字はその家系の歴史を語る生き証人である。
●名字は人生の通行手形である。
●名字は「自分探し」にとって大切なツールで、遠いご先祖の時代に生まれたもので現代の自分に至るまで多くのご先祖が引き継いできた大切な「たすき」であり、現代の「ランナー」である自分に「後は任したぞ」「頑張れ」と声援をおくっているようなものである。
●一文字から五文字（それ以上の例外もあるが）にとてつもなく大きなロマンが内包してある。それが名字なのである。
●名字は数ある中には、読み方も意味も由来もまったく分からないような妙なものもある。だから「妙字」なんだ。だじゃれ？
●名字は日本に存在する漢字を上下に組合せ、天地や自然界の事象を表現し、その意味を伝えるものでもある。
●「名字とは武士の手形（パスポート）である」。戦国時代に語られた言葉です。
●天皇から授かった姓には「の」をつける慣例があった。

例えば平清盛（たいらのきよもり）　源頼朝（みなもとのよりとも）など（これはＮＨＫのバラエティ番組「日本人のおなまえ」からの知見です）。

◉「名字」とは自分で名乗ったもの。

名字蒐集のきっかけ

二十数年前のサラリーマン時代、房総半島でゴルフの帰りに千葉県の大多喜町で「葛藤」の地名に出くわし、なんて読むのかな？　と興味がわきました。用語ではもつれ、悶着《もんちゃく》を意味する「葛藤」が一般的であるが地名としては……ね。

その後、週刊誌でまた不思議にも名字の「葛藤」さんの記事に出会った。意識してみれば身近なところでも接するものだと気づき、その後、私が「佐藤」姓でもあり「藤」のつく「姓」に興味を抱き、二十年間ほど「藤」を追い続けました。

そして数年前『全国１０００万人の「藤」の字の世界』を出版しました（二〇〇五年　文芸社）。その後、奇、珍、難、不思議名字の蒐集に集中し、今日の出版に至ったものです。

「葛藤」は、名字では、くずふじ、たつふじ、地名では、くずふじ、かっとう、つづら、用語では、かっとう、と読み、大多喜町の地名は、くずふじと言います。

辞書にない、名字に使われている漢字

実在している名字には、辞書にない「字」が使われているケースが多々あります。これはご先祖の時代、名字の登記・登録の際に、誤字で申請（本人は誤字ではないと認識）した結果としてそのまま記載され、代々引き継がれ、今日では通常に使用されているケースであるとされています。

日本の名字の数は世界トップクラス。理由の一端が誤字にもあるのです。

「名字に使われながら、辞書にある漢字、ない漢字」

土	圡	
今	今	
戸	户	戶
片	片	
互	亙	
世	丗	
多	夛	夛
年	年	
吉	𠮷	
来	來	来
局	局	
佐	佐	佐
別	别	
青	靑	
亜	亞	

松	枩		
柳	栁	桺	
秋	秌		
宮	宫		
師	师		
島	嶌		
船	舩		
崎	﨑	嵜	
務	務		
強	强		
富	冨		
曾	曽		
鉄	鉃		
噌	噌		
廣	廣		
勢	勢		
横	橫		
舘	舘		
橋	槗		
邊	邉	邉	
濱	濵		
斉	齊	齋	斎

※「さい」の字は八五ほどあるそうです。

同じようにみえる漢字でも、どこか違うことがあります。特に日々、新聞紙面の「お悔み欄」には故人の戸籍上の氏名がそのまま掲載されており、略字でも旧字でもない氏名が見受けられます。

ご本人には、戸籍上の字がその家系の所謂、家宝であり、その字をこれから代々背負って子孫に引き継いでゆく責任があるのです。

特に日常生活では、手紙などでは意識的に相手の本来の字（戸籍上の字）を記することが一層の交友を深め、より信頼感を高めることにつながるものと思われます。

関連するエピソードをご紹介しましょう。

①吉田茂元総理大臣の実話

吉田茂の秘書が書類の中に「吉田総理」と記入したところ「馬鹿もん俺は武士の出身だ。だから『𠮷』でなく『吉』だ」と……。「𠮷」は「土」＝つち＝農民、「吉」は「士」＝シ＝武士だそうです。ちなみに牛丼の「𠮷野家」は「𠮷」である。

②JR東日本、JR北海道の正式社名は二社とも「鉃」道株式会社と「鉄」を使わず、「鉃」を使っています。JR西日本以外の旧国鉄各社は金を失うから矢に変更しています。

③斉＝齊、斎＝齋など「さい」「せい」の字。辞書にはない字八十余字が実在しているようです。

④NHK「日本人のおなまえ」で富、冨の名字に使われている字の相違点の解説がありました。何故、違うのか。江戸時代にお米が穫れなかった不作の年に「富」の字の「宀」

を「宀」に点をとって名字にした実例があるそうです。

⑤同じく「日本人のおなまえ」の番組司会者、古舘伊知郎さんがご自分の「舘」の字は戸籍上「舘」であるとの説明がありました。

このように全国には常用漢字にはない、異体字の名字がまだまだ役所に届け出られ登録されているのではないか、その数はかぎりないと思います。

憧れの名字ランキングベスト10

1　西園寺（さいおんじ）
2　早乙女（さおとめ）
3　橘（たちばな）
4　伊集院（いじゅういん）
5　白鳥（しらとり）
6　綾小路（あやのこうじ）
7　藤堂（とうどう）
8　道明寺（どうみょうじ）

9　二階堂（にかいどう）

10　武者小路（むしゃのこうじ）

（ＮＨＫ「日本人のおなまえ」から）

名字「日本」をどう読むか

「にほん」と「にっぽん」。あなたはどちらの読み方をされますか。実在の名字です。印象的には「にほん」はやさしい呼び方ですね。一方「にっぽん」は力強い表現で、勇ましい印象になります。

にほん＝美しい静かな日本庭園のイメージ

にっぽん＝スポーツの国際試合での応援、「ガンバレ、ニッポン」というイメージ

二〇〇九年、当時の政府が「にほん」と「にっぽん」のいずれも正式の国名の呼び名として認めました。もちろん、名字の「日本」の方も昔から「にほん」と「にっぽん」、それに「ひのもと」の各々が実在しています。

全国「都道府県」名の名字

全国四十七都道府県中、愛媛と沖縄を除き四十五の名称が名字に使われているのです。その理由は、地名が名字になる例が多いからでしょう。多く名字に使われている順に列記しました。

「京都」だけ「みやこ」と読む例外があります。

1	山口
2	石川
3	宮崎
4	千葉
5	福島
6	福井
7	長野
8	福岡
9	宮崎
10	秋田
11	奈良
12	香川
13	長崎
14	山形
15	岡山
16	富山
17	熊本
18	広島
19	佐賀
20	山梨
21	島根
22	徳島
23	兵庫
24	鳥取
25	栃木
26	大阪
27	鹿児島

28	愛知
29	青森
30	三重
31	岩手
32	茨城
33	新潟
34	高知
35	和歌山
36	滋賀
37	静岡
38	北海
39	神奈川
40	埼玉
41	東京
42	群馬
43	京都
44	岐阜
45	大分

都道府県名に関する疑問をあげてみます。

通常、「都道府県」名は、たとえば東京都、大阪府、神奈川県、北海道と表記しますが、北海道道とは言いません。不思議です。ＮＨＫ札幌放送局には「北海道道」という番組がありますが……。

「おおさか」は戦国時代には「大坂」と表記していたのですが、江戸時代後期から「大阪」に変えたそうです。「大坂」の坂は「土偏」で「土に埋れる」ため、おおざとの「阝」に変え、現在に至っています。従って昔からの「大坂」姓の方も数多くいらっしゃるようです。

画数の多い名字

一字の名字　𱁬　麤　髗

二字の名字　靈鷲　鷦鷯　纐纈

三字の名字　躑躅森　雲類鷲　瀧野瀬

四字以上の名字　伊藤次郎左衛門祐洋　暢禰疑白髪部　廣端神麻績

※名字の読み方は、後出の各章の項目欄に記載しております。

第二章 「一字」の奇・珍・難・不思議名字

融通無碍な名字の世界

名字の数が日本より少ないと言われるのが中国、韓国です。両国は一字名字がかなりの割合を占めますが、種類は日本に比べて限定的であることは、毎日のテレビニュースや新聞・雑誌などで知るところです。実際に集計してみて、一文字の名字が我が国ではこんなに多種多様とは想定外の感があります。感覚的には、辞書に収録、記載されている漢字、全てが一字の名字として実在する。そう言っても過言ではないほど、多くの名字と出合います。

不思議な字面や読み方に、エーッ、これ名字なの？ これも名字なの？ 驚嘆の名字もあれば、うふふ……なるほどと笑みを浮かべるものも数多くあります。しかし、ご先祖の選んだ名字です。意味・意志あっての名字です。他人がとやかく言うことは許されないでしょう。ご本人たちがなにより慈しみ愛しているのですから。
まじめにくすくす笑いたくなる名字をご紹介しましょう。

◉「一」＝にのまえ　一の前は二。

◉「白」＝くじゅうく　白プラス一＝百。白寿は九十九歳のこと。
　　つくも　百の手前＝九十九（つくも）。

◉「イ」＝かながしら　「イロハ」のカタカナの先頭。

◉「い」＝かなはじめ　「いろは」のかなの初め。

次に記載します一字名字では、一般的な名字は省略しています（重複記載の名字あり）。

【不思議な名字の数々】

一	にのまえ	十	えだなし	水	もとり
｜	たていち	い	かなはじめ	心	きよし
八	わかつ	イ	かながしら	白	くじゅうく
九	いちぢく	女	よし	目	まなこ

丼　どんぶり
全　まったく
舌　した
杜　やまなし
何　いつか
私　きさいち
空　きのした
拇　おやゆび
阿　ほとり
英　あなた
前　すすめ
後　のち
丼　どんぶり
思　しのぶ

眉　まゆ
昢　ひので
胝　あかぎれ
桟　かけはし
鬼　きさらぎ
亀　ひさし
悪　あく
猫　ねこ
雄　おんどり
階　きざはし
属　さつか
塒　ねぐら
雷　いかずち
磊　いわ

薬　やく
驫　とどろき
麤　あらい
𱁬　たいと

【数字・金銭関連】

一　にのまえ　でか　いち　はじめ　かず　まこと　ひと　もんじ　いっぽんぼう
二　つぐ　やぬき
三　みたび　さん　かずえ　み　つ
四　し
五　いさみ　かず

六　むつ　ろく
七　しち
八　わかつ
九　いちぢく　あつむ
十　えだなし　つじ　つなし
　　ももき　もぎき　ももぎ
　　よこたて　もてぎ　もげき
　　じゅう
千　せんの　せん
万　よろず
円　まどか　えん
百　どど　まさ　もも
兆　とき
壱　いち

参　さ　さん
壹　いち
萬　よろず　まん
圓　えん
銭　せん
億　おく

【宗教関連】

仏　ほとけ
礼　れい
寺　てら
社　やしろ　もり
佛　ぶつ
拝　はい　おがみ

社　やしろ　しゃ
祈　いのり
神　かなえ　かみ　こう　じん
　　しん　みわ
星　すめらぎ　すめらお
祝　いわい　はふり　ほうり
　　いおう
剣　つるぎ
神　かみ　みわ　しん
祝　はじめ　ほこら
祓　はらい
宮　みや
釼　つるぎ　はがね
祷　とう　いのり

劔　つるぎ
祭　まつり
榊　さかき
鼓　つづみ
禅　ゆずり
壽　ことぶき
蔡　さい　さつ
禊　みそぎ
榊　さかき
榊　さかき
霊　みたま
劔　たまう　けん
賜　たまう　たま
禮　れい

禱　とう　まつり
禱　いのり

【自然関連】
山　やま
川　かわ
土　くに　はに　つち
水　もとり　すい
月　かげ
天　てん
木　いき
日　ひび
火　ひ
田　た

丘　おか
石　いわ　いそ　かず
氷　ひかみ
穴　あな
光　みつ　ひかる
池　いけ
凩　こがらし
竹　たけ
凪　なぎさ　なぎ
地　ち
里　さと
坂　ばん
花　はなぶさ
杉　すぎ

沢	たく
谷	はざま　やつ
杜	もり　やまなし
沰	ぬま
波	なみ
河	かわ
岩	いわ
岳	がく　たけ
空	きのした　そら
夜	よ
雨	あま　あめ
岬	みさき
明	あかし　あかり
青	あお

金	こがね　きん　かなかね
沼	ぬま
松	まつ
邱	おかべ　きゅう
峠	あくつ　たわとう
秋	あき
砂	いさご
柳	やなぎ
草	かや　したがき
春	はる
洞	ほら
朏	みかづき　ひぐれ
紅	べに
音	おと

凬	かぜ
昢	ひので
峯	みね
浜	はま
峰	みね
莟	つぼみ
夏	か　なつ
海	あま　かい
峪	さこ
浪	なみ
浦	うら
桜	さくら
麻	あさ
野	の

陸　くが　むつ
渓　けい　たに
雪　きよし　すすき
崎　さき
陰　いん　かげ
崖　きし　がけ
崕　きし
菊　きく
渚　なぎさ
涼　りょう
雫　しとけ　しずく
淪　さざなみ
崫　いわ
崎　さき

硲　こだま　さこ
谺　こだま
閑　しずか
嵐　あらし
雲　くも
陽　ひなた　ひかる　よう　はる　みなみ
港　みなと
朝　あさ
晴　はれ
寒　かん
晩　ばん
埼　さき
谽　こだま

嵓　いわ
嵒　いわ　いわお
颪　おろし
湾　わん
滝　たき
窟　いわや
椿　つばき
漣　さざなみ
雹　ひょう
雷　いかずち
溪　たに
照　てらす
蒼　あおい
鉱　あらかね

暗　はらい　あらい
楓　もみじ　かえで
嶌　しま
静　しずか
暮　くれ　はじかみ
嶋　しま
蔭　かげ
磊　こいし　いわ
蕨　わらび
磐　いわ
盤　いわ
宵　よい
潮　うしお
薄　すすき
影　かげ
曇　くもり
曙　あけぼの
濱　はま
巌　いわお
霜　しも
霞　かすみ
谿　たに
壕　ほり
瀬　いわた　せ
瀧　たき
響　ひびき
櫻　さくら
露　つゆ
灣　わん

【人間・人体関連】

人　じん　ひと
口　くちだ
女　たか　よし
子　しげる
毛　け
爪　つめ
手　たそみ　そめ
夫　ふの
母　ぼ
主　あるじ
皮　かわ

尻	しり
目	まなこ　さかん　さっか
耳	さかん
舌	ぜつ　した
老	おい
禿	かぶる　はげ　とく　かむ　ろ　かぶろ
肘	ひじ
男	おとこ
足	あすけ　たる
妻	つまの　さい
拇	おやゆび
肩	かた
姉	あね
呰	あざ
背	せ
眉	まゆ
胝	あかぎれ　あか
面	ほほつき　おもて
指	さし　ゆび　いび
姥	うば
首	はじめ　おろし　おうひと　おびと
孫	まご　そん
能	のう
息	いき　おき
翁	おきな
姫	ひめ
脇	わき
眸	ひとめ
婆	ばば
膢	おとめ
腰	こし
腹	はら
髯	ひげ
雌	めとり　めんどり
鼻	はな
嘴	くちばし
操	みさお
髭	ひげ
頭	つむり　ほとり
親	ちか

臂　ひじ
瞳　ひとみ
額　ひたい
顔　がん　かお
鬚　ひげ
靨　えくぼ
鬣　たてがみ

【動物・生物関連】

牛　うし　ぎゅう
犬　いぬ
虫　むし
戌　いぬ
虎　ここ　こ

兎　うさぎ
狐　きつね
馬　ば　ま　め
豹　ひょう
隼　はやぶさ
烏　からす　う
竜　たつ
狼　おおかみ
鹿　しか
猪　いの　ちょ　い
亀　ひさし
猫　ねこ
鳥　とり
兜　かぶと

蛇　おろち
雀　ささき　すずめ
雁　かりがね　たか
蛭　ひる
雄　おんどり
猿　ましら　さる
蜂　はち
鳩　はと
鳶　とび
熊　しゅう　くま
鴇　とき
蝶　ちょう
鴈　かり　たか　がん
鴉　からす　あ

蝉　せみ
鴨　かも　かもめ
燕　つばめ
鳭　みそそ　とき
鮒　ふな
鴇　とき
鵜　う
甕　かめ　もたい
鯉　こい
蟬　せみ
鶉　うずら
蟻　あり
鶫　つぐみ
鰐　わに
鶴　つる
鶯　うぐいす
鷗　かもめ
鷲　おおとり　わし
鷺　さぎ
鷹　たか　たかどり
靎　つる
靏　つる
鼈　かめ

【食物関連】

米　こめ　よね
瓜　うり　う
貝　かい　ばい
麦　むぎ　ばく
杏　あんず　きょう　からもも
乳　みぶ　ちち
苔　すのり
茶　ちゃ
柿　かき
柚　ゆず　ゆう
桃　もも
粉　こな　ふん
栗　くり
酒　さけ　さか
唐　とう　もろこし
梨　なし
菜　よもぎ

魚	さかな　うお　いお
麥	むぎ　ばく
梓	あずさ
梅	うめ
蚫	あわび
飯	めし　いい
粟	あわ
酢	す
蛤	はまぐり
葱	ねぎ
塩	えん　はん　ばん　しお
糀	こうじ
蛸	たこ
飴	あめ
蜆	しじみ
粽	ちまき
餅	もち
稲	いね
蕨	わらび
⿰魚戸	すずき
糖	とう　あめ
橙	だいだい　ゆず
薤	にら
鮑	あわび
鮮	くじら
鮪	まぐろ
鮫	さめ
鮹	たこ
鯔	ぼら
鯖	さば
麹	こむぎ
鯨	くじら
蟹	かに
鯛	たい
鯰	なまず
鰆	さわら
鰥	やもめ
鰡	ぼら
鰯	いわし
鰻	うなぎ
鰺	あじ
鱒	ます　もたい

鰹　かつお
鱧　はも
鹽　えん　しお
鱶　ふか
鱸　すずき　すすき

【生活関連】

升　ます
布　ぬの
包　つつむ　つつみ
丼　どんぶり　どぶり
糸　いと
机　つくえ　きそな
印　いん　しるし
帆　ほ
衣　え　ころも
床　とこ
車　くるま　のり
寿　じゅ
物　もの
油　あぶら
店　みせ
坪　つぼ
表　おもて
板　いた
味　あじ
服　はとり　はた　はっとり
泊　とまり
門　かど　はざま
室　むろ　もろ　へや　しつ
柵　たな　しがらみ
炭　すみ
丼　どんぶり
香　かおり
屏　へい　へ
食　みけ　たべ　めしの
竿　かさ
垣　かき
袖　そで
紙　かみ
庭　にわ
釜　かま

倉	くら
浴	えき
針	はり　はりがね
席	せき
家	やか　いえ　いい
旅	たや　たび
唄	ばい
傘	からかさ
俵	たわら
帯	おび　たてわき
書	ふみ
耕	たがやす
秤	はかり
袴	はかま
釣	つり
宿	やど
笛	ふえ
袋	ふくろ
琴	こと
畳	たたみ
棚	たな
量	はかり
筆	ふで　ふんで
街	たまち
遊	あそぶ
備	そなえ
飲	のむ
富	とみ
間	はざま
道	みち
登	のぼる
買	かう　めい　ばい　まい
揃	そろい
湯	ゆ
傘	からかさ　かさ
葛	くず
畫	えがく
溜	たまる
愛	あい
碇	いかり
溝	みぞ
絹	きぬ

幕	まく
鈴	すず
塗	ぬり
歳	さい
鼓	つづみ
雌	めす　めとり
福	ふく　とんどり
漆	うるし　めり　しつ
歌	うた
銭	せん　ぜに
種	たね
綿	わた
墨	すみ
箸	はし

糊	のり
舞	まい
縄	なわ
箱	はこ
蔵	くら
樽	たる
膳	ぜん　かしわ　かしわで
隣	となり　ちかき
薬	くすり　くず　やく
錨	いかり
懐	ふところ　かい　なつ
稼	かせぎ
窻	まど
薪	たきぎ　まき

鋋	かすがい
鍵	かぎ
竈	かまど
鍋	なべ
櫛	くし
糠	ぬか
鍬	くわ
襖	ふすま
鎌	かま
薬	くすり
簾	すだれ
鏡	かがみ
縄	なわ
疊	たたみ　もたい

襷	たすき
驛	えき
鹽	えん　しお

【その他】

丨	たていち　すすむ
乙	きのと　おつ　おと
入	かえるだ　いり
ト	うらべ　ぼく
丁	えだなし
い	かなはじめ
力	りき
イ	かながしら
工	く
上	かど
弖	ゆみ
下	べん　しも
小	ささ
大	はじめ　だい
与	あたえ
才	かしこ　おろし
巾	はば
弋	いぐるみ
𠠇	かいち
中	あたり　なか
井	わかし　いづつ　いい　い
文	かざり　おさむ　ぶん
心	きよし
内	うち
太	ふとり
友	とも
尹	おき
孔	むなし
卞	べん
匂	におい
尺	せきじゃく
戸	へえ
元	はじめ
圡	つち
卍	まんじ
王	こにしき
欠	かけ

司	つかさ
甲	よろい　はじめ　かぶと
只	ただ
白	くじゅうく　つくも　きよ
	し
正	しょう
史	さかん
外	とどころ　そで　ほか
加	かのう
禾	のぎ
田	でん
玄	げん
立	ついき
回	めぐり
叺	いり　ゆり
奴	やっこ
台	うてな
辺	ほとり
伝	でん　つたう
行	なめき
曲	まがり
全	まったく
伊	い
缶	ほとぎ
宅	だくら　やけ
会	かい
自	おの　これ
向	むかい
好	このみ
匠	たくみ
多	おおの　おお
艮	うしとら
名	なとり
坈	くろ
圷	あくつ
安	はだかす　あなし　あん
来	らい
尾	お
町	ちょう
芳	かんばし
角	かどろく
利	かが

君	うてな　きみ
串	つらぬき
呂	ろ
辛	かのと
岑	みね
囲	かこい
何	いつか　かが　が　あが
役	おうせ　えんの　えき
良	やや　まこと
励	はげみ
赤	せき
毎	いつ
𥝱	いなつか
近	こん
別	わけ
禿	かむろ
図	はかり
杠	ゆずりは
求	もとめ
巫	かんなぎ
皀	くろこめ　さいかち
言	ほき
阪	さか
秀	ひで
村	むら
私	きさいち　きさ
𠙽	いずる
見	けん　みる
忍	おし　しのぶ
佐	すけ
辰	たつ
沈	しずむ
学	まなぶ
迫	はっせ　せこ
明	たちもり
幸	さいわい　こう　みゆき ゆき
歩	かねち　かぬち
和	やまと　にぎ　やわら
帘	さかばやし
英	あなた　あざみ
泓	ふけ　ふち

斉　わたり　さい
京　かなどめ　みやこ　かなじ
り　きょう
底　はげみ
泥　なずみ
茂　はやし　もてぎ
若　わか
昇　しょう　のぼり
卓　たく
泳　くくり
昔　せき
的　いくわ
宗　そう　むね
迫　はざま　さこ

侍　さむらい
画　えがき
咄　はなし
固　ちなみ
直　すなお　なお　あたい　じ
く
彼　か
邸　やかた
知　しり
垂　たるみ　たれ
東　あかり　やまと　あずま
国　くに
武　たけ
表　おもて

定　さだ
長　おさ
哘　さぞう
垪　ありづか
巻　まき
飛　とび
荒　あらし　あら
政　つかさ
廻　かい　めぐり
客　まろうど　きゃく
要　よう
思　しだ　しのぶ　おもい
城　さつき　たて　たち　きづ
き

皆	みな
厚	あつ
前	すすめ　さき
勇	いぐれ　いきみ
冠	かんむり
則	すなわち
後	うしろぐ　うしろ
盆	すずき
峙	そわ
信	しぎり　のぶ
津	わたり　みなと
栂	とが　つが
研	みがき　けん　とぎ
界	さかい

美	よしみ
面	おもて
乗	よつのや
怒	いかり
珍	めずらし
屋	おく
閂	かんぬき
姿	すがた
染	そめ
哥	うた
流	みずゆき　ながれ
納	おさめ
通	とおり
畝	たんぼ

真	まさみ
莇	あざみ
扇	おうぎ
鬼	きさらぎ　こだま
宰	つかさどり
凌	しのぎ
朗	ほがら
宵	おおぞら
華	はなびさ
晋	たからい
砧	きぬた
従	したがう
衾	しとね
配	くばる

造	みやつこ
連	むらじ　やす
院	いん
値	ねうち
能	のう
莅	のぞき
莨	たばこ
師	もろ　とも　そつ
栫	かこい　こしらい　まがき
盛	さかり　もり
梯	かけはし　かけ
副	そい
進	すすむ　しん
笠	りゅう

萢	やちなか
崟	たかし
崩	くずれ
淋	そそぎ　ほそぎ
笨	たけもと　たけ
都	と　みやこ
許	おさ　ゆるし
梔	くちなし
黒	くろ
掟	おきて　さだめ
彩	いろどり　しゃく
捧	ささげ
斎	いつき　とき
逵	ちまた

桝	ます
粕	かす
問	とい
軣	とどろき
深	さわ
寄	やどり　き
婆	はば
望	のぞみ
袴	はかま
唱	とのう
瓶	みかじり
悪	あく
据	しがらみ
梵	そよぎ

梺	ふもと
転	うたた
財	たから
粗	ほぼ
産	さいた
乾	いぬい
庵	いおり　あん
菱	ひし
強	つよし
階	きざはし
硯	すずり
閑	しずか　のどか
閖	どんど
貫	ぬき　もたい
集	つどい
裏	うら
温	おん
落	おち
棟	とう
奥	おく
富	ふなごし
湛	たたえ
賀	うぶか　いわい
番	ばん
達	たち
等	ひとし
葎	しぐら
椅	はしだて
粠	すくもだ
測	はかり
椋	むくのき　くら
絶	たえる
椨	たぶ
粧	よそおい
葳	まさき
堅	ちいさい
覗	のぞき
評	おごり　はかる
鈎	まがり
棧	かけはし
硲	はざま
過	すぐる　まる

葵	まもり
涼	あわら　あばら　いずみ
植	うえる
新	いまき　あたらし
豊	ゆたか　ぶんの
鉄	くろがね　あらがね
鉤	まがり
碁	ごいし
蓋	きぬがさ
勢	いきおい
預	あずかり
塘	つつみ
楽	らく　がく
違	ちがい
続	つづき
慈	うつみ
殿	との　とのもり
彪	こだま
夢	ゆめ
働	はたらき
誉	ほまれ
義	よし　ぎ
塒	ねぐら
越	こし
蒲	がま
楪	ちょう　ゆずりは
意	まこと
嵩	かさみ　すう　だけ
遠	とおい
幹	みき
飼	うまかい
滑	すべり
飾	かざり
魁	さきがけ　かしら
鳴	なる
碧	つき
漁	すなどり　あさり
網	あみ
綱	わたなべ
徳	とく
聞	きこえ
赫	てらし

銀	しろがね
粽	ちまき
踊	おどり
箟	やの
駅	えき
槐	さいかち　かい　えんじゅ
演	ひろし
榛	はしばみ
銅	あかがね
趙	ちょう
撫	なでる
賦	つもり
皛	あきらか
輩	はい
鋤	すずき
霄	おおぞら　そら
竈	かまど
錺	かざり
調	みつぎ　しらべ
標	しるし　しめた　しめぎ
輝	かがやく
嬉	うれし
慶	いわい　ゆわい　けい
嶝	やまずみ　さこ　さかみち
審	あきら
魯	おろか
諸	もろ
稼	かせぎ
敵	てき
篁	たかむら　こう
賜	ひので
樹	たてる
薜	まさき
糒	ほしい
錦	にしごり
興	おこし
樸	ゆずのは
霍	かく　ぼく
隣	ちかき
鴫	しぎ
衛	まもり
舘	たち

邉　あたり
築　ちく
噺　はなし
壊　つくれじま
燧　ひうち
髻　もとどり
螢　ほたる
頼　より　らい
墾　あらき
勵　はげみ
櫟　いちい　くぬぎ　いちのき
鴻　おおとり
簗　やな
嶺　いただき

簓　ささら
磴　いしわたり　いしばし
檍　いき
戴　いただき　たい
鍔　つば
環　たまき
鞭　むち
鎺　はばき
鎧　よろい　あぶみ
鎮　しずめ
織　はとり　おり
擲　たたき
観　しめす
鵤　いかるが

聶　にえ
繖　きぬがさ
甕　もたい
額　ぬか
懿　あっし
轍　わだち
麓　ふもと
罇　もたい
蘭　あららぎ
鏑　かぶら
騰　あぐる
競　きそう　わたなべ
議　はかり
鐙　あぶみ

⿰舟壽	たかし
灇	おちあい
罍	さかだる　もたい　かたい　ひたい
轟	とどろき
竈	かまど
⿰米慮	はぜ
纐	くくり
鐺	こじり
讀	よむ　よみ
鑪	たたら
籠	ながたに
靈	みたま
鱗	うろこ
廳	やくしょ　こばなわ
靉	あい
驫	とどろき
灥	みなもと
麤	あらい　そ　あら
𱁬	たいと

第三章　「二字」の奇、珍、難、不思議名字

日本語の魅力

日常生活の上で近所に例えば「服部」さんや「望月」さんなどの名字の方を、常日頃、目にします。特別に意識することなく「はっとり」さん、「もちづき」さんとそれぞれ呼んで親しくしています。しかし、じっとその名字の「字」をながめるに、何故、そのように読むのか、ルーツはそれぞれにあると思いますが、不思議な気持ちになってきませんか。改めて日本語の不思議、魅力を感じる名字だと思っているところです。

では、魅惑的な名字の数々をご覧ください。

【奇・珍・難関連】

一口　いもあらい
七夕　たなばた
卜部　うらべ
大和　やまと
三枝　さえぐさ
上総　かずさ
下社　しもつみわ
土方　ひじかた
土生　はぶ
土師　はぜ
土産　みやげ
日下　くさか
日月　たちもり
日向　ひゅうが
日和　ひより
日馬　くさま
太秦　うずまさ
水卜　みうら
水海　あま
水流　つる　みずなが
圡方　ひじかた
圡生　はぶ
壬生　みぶ
内匠　たくみ
円谷　つぶらや
出雲　いずも
田舎　いなか
主税　ちから
甲斐　かい
伊達　だて
百合　ゆり
百済　くだら
努力　ぬりき
村主　すぐり
足利　あしかが
近江　おうみ
和泉　いずみ
長内　おさない
長谷　はせ
東雲　しののめ
京都　みやこ

服部	はっとり	烋場	あきば	常盤	ときわ
柳生	やぎゅう	春日	かすが	陸奥	むつ
飛鳥	あすか	流石	さすが	望月	もちづき
珍品	くだら	時雨	しぐれ	雲丹	うに
柘榴	ざくろ	眠目	さっか	雲雀	ひばり
指宿	いぶすき	常陸	ひたち	熨斗	のし

二字名字で不思議な珍しい面白い（失礼ですが）「うっふっふ」「へぇー」「何これ！」「マジで！」「ほんとに！」「うそー」「ヤバイ」とつい口から出したくなるような「御名字」があるんです。そこで次にフィクションの会話を紹介しましょう（「　」内は名字）。

●この度、文科大臣に就任しました「大臣《おおおみ》」です、よろしく。

●「火消《ひけし》」君、どこに勤めているの？　消防署なんです。

●東京オリンピックに出場しました「五輪《ごりん》」です。

●「村長《むらおさ》」さんが村長に当選されました。

◉「魚返《おかえり》」さんがおいでになりました！

◉お名前は？　「生江《なまえ》」と申します。

◉「出口《でぐち》」さん、こちらは一方通行の入口です。

◉紹介します、一年生担当の「先生《せんじょう》」先生です。

◉ペンネームではありません。「本名《ほんな》」と申します。

◉「浮気《うわき》」と申します。絶対浮気はいたしません。

◉「唐桶《からおけ》」さん、「流石《さすが》」に演歌が「上手《うわて》」ですね。

◉「川柳《かわやなぎ》」さん、趣味は何ですか。川柳です。

◉「大酒《おおさけ》」君、お酒はどのくらい？　全然だめなんです。

◉紹介します、新入社員の「老後《ろうご》」君です。

◉今朝来たの？　はい、「今北《いまきた》」です。

【不思議な名字群】（重複の名字あり）

一口　いもあらい
一寸　ちょっと
一日　ついたち
一分　いっぷん
一言　ひとこと
一味　ひとあじ
一番　いちばん
乙女　おとめ
二子　ふたご
入口　いりぐち
入梅　いりうめ
入場　いりば
力士　りきし

人首　ひとかべ
三仏　みほとけ
万福　まんぷく
万歳　ばんざい
大工　だいく
大安　だいあん
大好　だいすき
大臣　おおおみ
大金　おおがね
大食　おおい
大酒　おおさけ
女陰　めかげ
小前　おまえ
小粥　おかゆ

小銭　こぜに
上手　うわて
上達　じょうたつ
下手　しもて
川柳　かわやなぎ
川童　かっぱ
火消　ひけし
中元　なかもと
日外　あぐい
日和　ひより
天皇　あまみや
五輪　ごりん　いつわ　ごわ
仏前　ぶつぜん
少数　しょうすう

不知	しらず
今北	いまきた
今後	こんご
夫婦	めおと
仁義	じんぎ
方便	ほうべん
午腸	ごちょう
水海	あま
太郎	たろう
父母	ふぼ
切手	きって
以後	いご
田舎	いなか
本名	ほんな

生江	なまえ
古巣	ふるす
正月	しょうがつ
正直	しょうじき
左官	さかん
市長	いちおさ
可愛	かわい
平成	ひらなり
仙人	せんにん
出口	でぐち
出世	しゅっせ
出頭	しゅっとう
世界	せかい
白厩	しろうまや

安保	あんぽ
行司	ぎょうじ
行縢	むかばき
宇宙	うちゅう
年末	としまつ
先生	せんじょう
自然	しぜん
老後	ろうご
同姓	どうせい
牟礼	むれ
赤部	あかべ
村長	むらおさ
私市	きさいち
寿命	じゅみょう

我満	がまん
住所	じゅうしょ
努力	ぬりき
呉服	ごふく
尾前	おまえ
即席	そくせき
豆腐	とうふ
判事	はんじ
金持	かねもち
肥満	ひまん
門松	かどまつ
幸福	こうふく
延命	えんめい
官能	かんのう

斉場	さいじょう
河童	かっぱ
学子	います
後呂	ごろ　うしろ
秋鹿	あいか
美女	びじょ
風呂	ふろ
香水	かみず
前向	まえむき
飛石	とびいし
神主	かんぬし
屋根	やね
待夜	たいや
昼間	ひるま

首長	しなが
剃刀	かみそり
胃袋	いぶくろ
毒島	ぶすじま
夏至	げし
浮世	うきよ
浮気	うわき　うき
降参	こうさん
恋仲	こいなか
時計	とけい
帯刀	たいと　たてわき　おび
	また
唐桶	からおけ
烏賊	いか

宰相	さいしょう
師走	しわすだ
途中	とちゅう
恐神	おそがみ
都市	とし　といち
黒白	くろしろ
悪虫	あくむし
悪魔	あくま
猫背	ねこぜ
蓑崎	へこざき
魚返	おかえり
勘定	かんじょう
斎場	さいじょう
終日	ひねもす

粗品	そしな
接待	せったい
勝手	かって　かちて
勝利	しょうり
無能	むのう
達磨	だるま
寒獄	かんごく
温泉	おんせん
番地	ばんち
朝顔	あさがお
満足	まんぞく
敬禮	けいれい
歯黒	はぐろ
極楽	ごくらく

粥米	かゆ
帽子	ぼうし
童子	おとめ
新妻	にいづま
愛敬	あいきょう
煙草	たばこ
義理	ぎり
楊枝	ようじ
墓前	はかまえ
数珠	じゅず
鉄砲	てっぽう
殿下	とのした
業天	ぎょうてん
碁盤	ごばん

農業　のうぎょう
夢枕　ゆめまくら
節分　せつぶん
微笑　びしょう
徳利　とくり
鼻毛　はなげ
隠居　いんきょ
霊園　れいえん
磊石　ころいし
薬丸　やくまる
薬袋　おしのび
闇雲　やみくも
嬬恋　つまごい
観念　かんのん

観音　かんのん
戀仲　こいなか
鬢櫛　びんぐし
驫木　とどろき

【数字のみ】

一二　いちに　ひたふ　ひふ
　　　つまびら　かすし
　　　いちじ
一三　かずみ
二三　ふたみ　ふたたね　また
　　　かず
二四　にし
二五　にご

二六　にろく
二八　ふたや
二九　ふたく
二十　つづ
三一　みはり
三二　みつじ　さんじ　さんに
三四　さんし
三五　さんご
三七　みなな
三九　さんく
四七　しな
四九　しく
四十　しじゅう　よと　あい
　　　よそ

五三　いつみ　ごみ
五六　ふのぼり　ふかぼり
五十　いい　いそ　いわ　おみ
六三　むさ
八一　りょういち
八九　やく
八十　やそ
九一　くいち
九九　くく　つくも
九十　くと　くじゅう
十一　じゅういち　といち　よしひろ　とかず
十二　じゅうに　とに　つづ
十三　じゅうさん　とみ　じゅうそう
十五　じゅうご　とうご
十六　いざ
十七　としち　とな
十八　とわ　とや
十九　とく　つつら　つづ　さだえ

【地名関連】（都道府県名を除く）

七尾　ななお
八戸　はちのへ
下松　くだまつ　したまつ
三宮　さんのみや　さんみや
土佐　とさ
千歳　ちとせ　せんさい
丸亀　まるがめ
下関　しものせき
牛窓　うしまど
天草　あまくさ　あまのくさ
天城　あまぎ
天童　てんどう
今治　いまばり
日光　にっこう
木曽　きそ
玉島　たましま
四戸　しのへ
出雲　いずも　しゅっとう
北見　きたみ

仙台	せんだい	
石巻	いしのまき	
伊予	いよ	
伊豆	いず	
米子	よなご	こめこ
池袋	いけぶくろ	
江戸	えど	
江東	こうとう	えとう
安芸	あき	
有明	ありあけ	
名護	なご	
西宮	にしのみや	にしみや
糸満	いとまん	
伊丹	いたみ	
杉並	すぎなみ	
別府	べっぷ	
赤穂	あこう	あかほ
尾道	おのみち	
坂出	さかいで	
佐久	さく	
壱岐	いき	
男鹿	おが	おじか
花巻	はなまき	
京橋	きょうばし	
青梅	おうめ	あおうめ
門司	もじ	
門真	かどま	
岩国	いわくに	
沼津	ぬまづ	
松戸	まつど	
長門	ながと	
松江	まつえ	
浅草	あさくさ	
荒磯	あらいそ	
美作	みまさく	みさく
草津	くさつ	
相生	あいおい	
前橋	まえばし	
津山	つやま	
神戸	かんべ	
神宮	じんぐう	かみみや
飛彈	ひだ	

柴又　しばまた
真鶴　まなづる
倉吉　くらよし
倉敷　くらしき
浦和　うらわ
酒田　さかた
浜松　はままつ
能登　のと
陸奥　むつ
魚津　うおづ
桶川　おけがわ
盛岡　もりおか
黒部　くろべ
淡路　あわじ
袋井　ふくろい
賀茂　かも
備中　びっちゅう
備後　びんご
備前　びぜん
博多　はかた
越後　えちご
豊後　ぶんご
新浜　にいはま　しんはま
稲城　いなき　いなしろ
敷島　しきしま
関西　かんさい
関東　かんとう　せきとう
播磨　はりま
横浜　よこはま
箱根　はこね
舞鶴　まいづる
輪島　わじま
熱海　あたみ
渋谷　しぶや
讃岐　さぬき

【自然関連】

一川　いちかわ
一雨　ひとぶり
入梅　いりうめ
丁嵐　あならし
干潟　ひがた

土地	とち
土筆	つくし
山奥	やまおく
大空	おおぞら
日日	ひび
日月	たちもり
日出	ひので
日当	ひあたり　ひなた
	ひあて
日和	ひより　ひわ
日食	ひじき
日陰	ひかげ
日當	ひあたり
日暮	ひぐれ
日蔭	ひかげ
日影	ひかげ
月光	がっこう
月見	つきみ
火口	ひぐち
火山	かやま
今春	いまはる
水入	みずいり
水中	みずなか
水平	すいへい　みずひら
水取	みずとり　もとり
水落	みずおち
水漏	みずもり
天地	てんち　あまち
天雨	あまう
冬至	とうじ
北嵐	きたあらし
白熊	しろくま
白鷺	しらさぎ
穴虫	あなむし
玉虫	たまむし
自然	しぜん
百足	むかで　ももたり
宇宙	うちゅう
虫狩	むしかり
地上	ちじょう
地吹	ぢぶき
地割	ぢわり

赤土	あかど
明暗	あけくれ
雨木	あまき
雨夜	あまよ　あまや
雨無	あめなし
雨森	あまもり　あめもり　あめのもり
雨塚	あまつか
夜交	よまぜ
夜明	よあけ
空中	そらなか
空間	そらま
青花	はるか
青空	あおぞら
砂金	いさご
荒波	あらなみ
昼間	ひるま
洪水	こうずい
風穴	かざあな
風無	かざなし
幽渓	ゆうけい
津波	つなみ　つば
星月	ほしつき
夏至	げし
夏凪	なつなぎ
夏秋	なつあき
海上	うながみ
海岸	かいがん
時雨	しぐれ　じう
國土	こくど
野草	のぐさ
雪吹	ふぶき　いぶき
晝間	ひるま
雲雀	ひばり　ひばる
寒風	さむかぜ　かんぷう
温泉	ぬくいずみ
朝霧	あさぎり
満月	まんげつ
満潮	まんしお
晴気	はるき　はるけ
晴間	はれま
陽日	ひなた

落石　おちいし
落葉　おちば
森林　もりばやし
軽石　かるいし
蜂巣　はちす
溜水　たまりみず
稲妻　いなずま
霊河　よしかわ
霜降　しもふり
臨海　のぞみ
鷲頭　わしあたま

【金銭関連】

一円　いちえん　いちまる　かずえん　ひとまる
一圓　いちえん
十万　とまん
大金　おおがね
小銭　こぜに
古銭　こせん
出納　すいとう　すいどう
金玉　きんたま　きんぎょく
金目　かなめ　きんめ
金品　かねしな
金持　かなもち　かなち　かねもち　かもち　かなじ
金庫　きんこ
金箱　かねばこ　かなばこ
金蔵　きんぞう
勘定　かんじょう
銭箱　ぜにばこ

【宗教関連】

二神　ふたがみ　にかみ
刀儀　つるぎ
大仏　だいぶつ　おさらぎ　おおらぎ
大社　たいしゃ
大佛　だいぶつ
三仏　みほとけ
三佛　みほとけ
上殿　じょうでん　かみでん

山神　やまがみ
天下　てんか　あました
天神　てんじん
天皇　あまみや
今上　こんじょう
氏神　うじがみ
仏前　ぶつぜん
仏具　ぶつぐ
玉串　たまぐし
出家　しゅっけ
尼寺　あまでら
本霊　ほんれい
本願　ほんがん
弁天　べんてん

式場　しきば　しきじょう
合掌　がっしょう
行者　ぎょうじゃ
別院　べついん
花輪　はなわ
法師　ほうし
念仏　ねんぶつ
斉場　さいじょう
浄土　じょうど
神力　じんりき　かんりき
神代　くましろ　こうじろ
神主　かんぬし　こうず　こうぬし　こうす
神成　かみなり

神社　じんじゃ　かみもり
神宝　かんだから　じんぽう
神取　かみとり
神武　じんむ
神風　かみかぜ　じんぷう
神前　かみさき　しんぜん　かんざき　かみまえ
神宮　じんぐう　かみみや
神座　かみざ　じんざ　みざ
神渡　しんと　かみわたり
神殿　しんでん　ことの　こうでん　こうどの
神頭　かみかしら　こうず
前仏　ぜんぶつ　まえぶつ

前佛　ぜんぶつ
祝詞　のりと
風神　かざかみ　かぜかみ
修行　しゅうぎょう
料所　かぞえどころ
宮司　ぐうじ　じゅず
斎場　さいじょう
祭主　さいしゅ
御守　おまもり
御巫　みこ
御所　ごしょ
御神　ごせ
御前　ごぜん
御輿　みこし

極楽　ごくらく
墓下　はかした　はかのした
墓前　はかまえ
数珠　じゅず
霊園　れいえん
観世　かんぜ
観音　かんのん
護守　ごしゅ
護国　もりくに
觀音　かんのん

【生活関連】

一言　ひとこと　ひとごと　どくごと　いちごん

一階　ひとしな　いっかい
人見　ひとみ　かずみ
入口　いりぐち
二股　ふたまた
七谷　しちや
土産　みやげ
下駄　げた
万才　まんざい
万福　まんぷく
万歳　まんざい
大工　だいく
大口　おおぐち
大食　おおい
大好　だいすき　たいこう

大酒　おおざけ
土地　とち
火消　ひけし
切口　きりくち
切手　きって
切詰　きりつめ
水引　みずひき
水取　みずとり
水洗　みずあらい
水留　みずとめ
水道　すいどう　みずみち
水無　みずなし
水溜　みずため　みずたまり
木綿　きわた

円満　えんまん　まるま　ほうじょう　えんま　まるみつ
公平　こうへい
文字　もんじ
五味　ごみ
五坪　ごつぼ
中元　なかもと
片方　かたがた
不知　しらず
少数　しょうすう　いかず
太細　ふとぼそ　ただい　ださい
太箸　ふとばし

本屋　ほんや
北窓　きたまど
目方　めかた
市場　いちば
台所　だいどころ
出口　でぐち　いずぐち
出家　でいえ
玄間　げんかん
加減　かげん
正門　まさかど
正直　しょうじき
石綿　いしわた
古本　ふるもと
古巣　ふるす

白旗　しろはた　しらはた
右代　うしろ
民法　みんぽう
安食　あじき
安堵　あんど
安喰　あじき
安楽　あらく　あらき　あんら
く　やすら
老後　ろうご
行天　ぎょうてん
地主　じぬし
百名　ひゃくな　ももな
百歩　ひゃっぽ
成行　なりゆき　せいこう

汗気　うわき
我満　がまん　がみつ　わがみ
つ
尾前　おまえ
尾頭　びとう
辛坊　しんぼう
呉服　ごふく　くれは　くれは
とり
花壇　かだん
住宅　すみや　すみたく
住居　すみい
住屋　すみや
吹抜　ふきぬけ
快楽　かいらく

来福　きふく
近道　ちかみち　こんどう
幸福　こうふく
取次　とりつぐ
取違　とりちがえ
延命　えんめい
表口　おもてぐち
服巻　はらまき
服帯　はらたい
物袋　ものぶくろ
雨具　あまぐ
刺刀　かみそり
庖丁　ほうちょう
押入　おしいり

押切	おしきり
泊り	とまり
味方	みかた
珍品	くだら
屋根	やね
音琴	ねごと　おとごと
音頭	おんど　おとごと
風呂	ふろ　ふろう
剃刀	かみそり
香水	かすい　かみず
紙屋	かみや
時計	とけい
家出	いえで
家持	いえもち
家路	いえじ
莅戸	のぞきど
針金	はりがね
浮気	うき　ふけ　うわき　うきぎ
唐紙	からかみ
留守	とめもり　るす
修理	しゅうり
蚊帳	かや
真綿	まわた
扇子	せんす
部屋	へや
粗品	そしな
張替	はりかえ　はりかい
掛札	かけふだ
陶器	とうき
道具	どうぐ
道草	みちぐさ
軽石	かるいし
御守	おまもり　おんもり　こかみ
御前	おまえ　ごぜん
勝手	かって
湯銭	ゆせん
温水	ぬくみ　ぬくみず
温湯	ぬるゆ
階上	かいじょう
結束	けっそく

達摩　だるま
達磨　だるま
遊部　あそぶ　あそべ　ゆうべ
間坂　まさか
間宵　まよい
畳屋　たたみや
裏地　うらじ
買手　かいて
絵馬　えま
湯舟　ゆぶね
軽石　かるいし
腰巻　こしまき
腹巻　はらまき
煙草　たばこ　えんぐさ
夢枕　ゆめまくら
楊枝　ようじ
愛敬　あいきょう
裾分　すそわけ
置場　おきば
豊富　とよとみ
徳利　とくり
熊手　くまで
網戸　あみど
鋳物　いもの
横枕　よこまくら
雛形　ひなかた
薬袋　おしのび　みない　みな
え　いらず　になえ　ら
いたい
積木　つみき
繁昌　はんじょう
闇雲　やみくも
鍵掛　かぎかけ
襟立　えりたて
鎌土　かまど
竈門　かまど

【言葉関連】

一代　いちだい　いちよ
一言　いちごん　どくごと　ひ
とごと　ひとこと
一部　いちぶ

一應	いちおう
入手	にゅうしゅ　いりて
大入	おおいり
大切	たいせつ　おおぎり
大好	だいすき
切替	きりかえ
切詰	きりつめ
引頭	いんどう　ひきがしら
今度	こんど
片寄	かたより
王手	おうて
友好	ゆうこう
少数	しょうすう
出合	であい
出来	でき
立場	たちば
永久	ながひさ
永持	ながもち　えいじ
平和	へいわ
立入	たちいり
北側	きたがわ
未定	みてい　みさだ
加減	かげん
名手	めいしゅ
自覚	じかく
守護	しゅご
我満	がまん
見上	みあげ　みかみ
見方	みかた
見取	みとり
見渡	みわたし　みわたり
押切	おしきり
押目	おしめ
取違	とりちがえ
南側	みなみがわ
草分	くさわけ
音無	おとなし
音頭	おんど
前後	ぜんご
前場	ぜんば
追掛	おいかけ
差出	さしだし

乗替	のりかえ
乗越	のりこし　じょうこえ
流石	さすが
書上	かきあげ
浮世	うきよ
根無	ねなし
帰来	きらい
張替	はりかえ
強力	ごうりき
勝手	かって
勝目	かちめ
勝馬	かちうま
満足	まんぞく
無敵	むてき

場合	ばあい
最上	もがみ
幾度	いくど
富貴	ふうき
善行	ぜんこう
鍵掛	かぎかけ
霜降	しもふり
闇雲	やみくも

【食品関連】

小豆	あずき　あず　おぐち おず
小麦	こむぎ
小粥	おかゆ　おかい　こがゆ
大豆	だいず　おおまめ
大根	だいこん　おおね
白米	はくまい
甘粕	あまかす
古酒	ふるさけ
生貝	いけがい
生魚	せいぎょ
竹輪	ちくわ　たけはな
豆腐	とうふ
昆布	こんぶ
乳牛	ちちうし　めうし
味酒	うまけ　みさけ　うまさ け　うまさか
味噌	みそ

林檎　りんご
金時　きんとき
和食　わじき
食品　たべしな　しょくひん
砂糖　さとう
南京　なんきん
胡麻　ごま
神酒　みき
烏賊　いか
海老　えび
素麺　そうめん
海月　くらげ
海苔　のり
清酒　せいしゅ

菓子　かし
粥米　かゆこめ　かゆ　かゆまい
雲丹　うに
御酒　みき　みけ
新茶　しんちゃ
新酒　しんしゅ
塩水　しおみず　えんすい
蜜柑　みかん
銀杏　ぎんなん　いちょう
櫁柑　みかん
醤油　しょうゆ

【一般関連】
一刀　いっとう
一丸　いちまる　いちがん
一寸　ちょっと
一口　いもあらい　いちぐち
いっこう　かずぐち
ひとくち　もろくち
一日　ついたち
一本　いちもと　いっぽん
一色　いっしき
一安　いちやす
一坪　ひとつぼ　いちつぼ
一筆　ひとふで　いっぴつ
乙女　おとめ

二又　ふたまた
二本　にもと
二位　にい　ふたい
刀川　たちかわ
七森　ななもり　しちもり　ななつもり
八毛　はげ
力本　りきもと
力石　ちからいし
十時　とどき　どとき　とどろき　とじ
〆田　しめた
入手　いりて
了馬　りょうま

大目　おおめ
大当　たいとう
大作　たいさく
大幸　おおさか
大底　おおぞこ　おおぞく
大前　おおくま
大麻　おおあさ
大捕　たいほ
大家　おおや
大盛　おおもり
大番　おおばん
大福　だいふく
大勢　たいせい
大髭　おおひげ

万年　まんねん
上之　うえの
上下　かみしも
上野　あがの
川童　かっぱ
土喰　つちくい
土器　どき
久齋　くさい
及位　のぞき
千福　せんぷく
山奥　やまおく
小筆　こふで
小数　しょうすう
女池　めいけ

女屋　おなや　めや
女陰　めいん
兀下　はげ　はげした
三高　みたか
子川　こかわ
口地　くち　こうち
五弓　ごゆみ　ごきゅう
五丹　ごたん
五殿　ごでん
六名　ろくな　むな
少徳　しょうとく
王手　おうて
犬走　いぬばしり
犬飼　いぬかい
犬養　いぬかい
圡田　つちだ
牛若　うしわか
牛糞　うくそ
井家　いいえ
以後　いご
日外　あぐい
片寄　かたより
月居　つきおり　つきい
水卜　みずうら　みうら
水車　すいしゃ
水馬　すいま
水落　みずおち
円谷　つぶらや　えんや　まるや　まるたに
仁位　にい
氏次　うじ
文月　ふづき　ふみつき
玉虫　たまむし
欠間　がんま
母袋　もたい
甲角　こうかく
甲斐　かい
本丸　ほんまる
立喰　たちばみ　たちぐい　たつぼみ
田片　たかた
叺田　かますだ

尻無　しりない
白旗　しらはた
白壁　しらかべ
仙人　せんにん
外内　とうち
外裏　そとうら
仕切　しきり
石投　いしなげ
占部　うらべ
生出　おいで
巨勢　こせ
出来　でき　でらい
平形　ひらかた
主税　ちから

且来　あっそ
成底　なりそこ
杁山　いりやま
戎居　えびすい
孕石　はらみいし
竹馬　ちくま
色摩　しきま　しかま　いろま
両角　もろずみ
百々　もも　どど　とど　どう　どうどう　とうどう　とと
百名　ももな　ひゃくな
百笑　どうめき
百貫　ひゃっかん　ももぬき

衣袋　いたい　いぶくろ
休石　やすみいし　やすいし
名手　なて
名無　ななし
作家　さっか
即席　そくせき
赤穴　あかあな
赤前　あかまえ
赤道　せきどう
赤壁　あかかべ
折免　おりめん
忍足　にんぞく
忍関　にんぜき
寿福　すふく　じゅふく

芭蕉　ばしょう
尾割　おわり
尿前　としまえ
余目　あまるめ
対木　ついき
助友　すけとも
図師　ずし
定標　じょうぼんでん
武者　むしゃ
武道　ぶどう
附家　つきや
阿弓　あゆみ
苗木　なえぎ
秀吉　ひでよし

披下　はげ
妻鳥　めんどり
若命　わかめ　たんめい　わかみこと　わかいのち　じゃくめい
金時　きんとき
金魚　きんぎょ
金満　かねみつ
金富　かねとみ
東芝　とうしば
夜久　やく
夜弦　やげん
夜船　よぶね
空地　そらち

味呑　あじの
物見　ものみ
物袋　もって
忽那　くつな
青鬼　あおき
宝船　たからぶね
岡馬　おかま　おかば
門利　もんり
門馬　もんま
音無　おとなし　ねなし
南日　なんにち
南保　なんぼ
音揃　おんぞろ
相京　あいきょう

後士	ごし
毒島	どくしま
神足	こうたり　かみはし
神余	かなまり
神喰	かんじき　かじき
城聞	じょうぎく
茶目	ちゃめ　さめ
茶畑	ちゃばたけ
信長	のぶなが
恋塚	こいづか
恩納	おんな
恩智	おんち
郷頭	ごうとう
能木	あたぎ
桃枝	ももえだ
畔蒜	あびる
海人	あま
海士	あま　かいし
降矢	ふりや　ふるや
格口	かっこう
這禽	はっとり
浦島	うらしま
桂馬	けいま
恐神	おそがみ
浮舟	うきぶね
真飛	まとぶ
馬〆	はじめ　ましめ
馬加	まくわ　まくわり
馬継	まつぎ
馬締	まじめ
将亦	はたまた
釣流	つる
黒白	くろしろ
黒飛	くろとび
黒蕨	くろわらび
魚返	おかえり　うがえり
眼目	さっか　がんもく
進士	しんし
猪首	いくび
亀甲	きこう
亀頭	きとう　かめがしら
亀鶴	かめつる

悪七　あくしち
悪虫　あくむし
陰地　おんち
宿女　やどめ
強力　ごうりき　きょうりょく
豚座　いのこざ
落石　おちいし
喜楽　きらく
萬年　まんねん
萬福　まんぷく
童女　おとめ　おうな　おむな
遊部　あそべ
善家　ぜんけ
幅寺　ふくじ

雲英　きら
雲雀　ひばり
無能　むのう　むの
道見　みちみ　どうみ
道端　みちばた
勝田　かった
森義　もりよし
温湯　ぬるゆ
順風　じゅんぷう
尊氏　たかうじ
飯国　いいくに
番長　ばんちょう　はお
歯黒　はぐろ
惣明　そうめい

笋田　たけのこだ
閑歳　かんさい
福寿　ふくじゅ
福持　ふくじ
福神　ふくじん　ふくかみ
福壽　ふくじゅ
遠近　とおちか　おちこち　とおそば
腮尾　あぎお
源平　げんぺい
碁石　ごいし
碁盤　ごばん
愛染　あいぜん
歳桃　さいとう

微笑　びしょう
塩俵　しおだわら
鉄穴　かねあな
鉄砲　てっぽう
業天　ぎょうてん
義経　よしつね
壽楽　しゅらく
歌枕　うたまくら
歌島　うたじま
養蚕　かいこ
撫子　なでしこ
撫養　むよう　むや
旗手　きしゅ　はたて
銭本　ぜんもと

爾摩　にいま
精盧　とぐろ
関東　かんとう
雋侃　じゅんか
輦止　くるまどめ
磊石　ころいし
権隨　ごんずい
稿井　わらい
歓喜　かんき
談議　だんぎ
熱田　あった
薬袋　みない
樹神　きしん　きがみ　こだま
じかみ　じゅかみ

橳島　ぬでしま
薔薇　ばら
嬰木　わかき
濡髪　ぬれがみ
嬬恋　つまごい
麒麟　きりん
護守　ごのもり　ごしゅ　ごの
かみ
寶金　たからがね
鰭崎　ひれさき
鶴亀　つるかめ
鷦鷯　ささき
靈鷲　たまわし

【人体関連】

八毛　はげ
人首　ひとかべ
小股　こまた
小指　こゆび
小柄　こがら
口元　くちもと
大尻　おおしり
大足　おおあし
大頭　だいず
丸顔　まるがお
不老　ふろう　ふおい
毛穴　けあな　けな
毛頭　もうとう

左手　さて　ひだりて
水落　みずおち
平手　ひらて
右手　みぎて　うて
皮下　はげ
白髪　しらが
白髭　しらひげ
可愛　かわい
年増　としま　とします
羽下　はげ
羽毛　はげ
耳浦　みみうら　みみうち
足洗　あしあらい
赤髪　あかひげ

肥満　ひまん
若命　わかめ
官能　かんのう　かんの
垂髪　うない
長生　ながいき
坡下　はげ
狐鼻　こばな
前鼻　まえばな
首代　くびしろ
指吸　ゆびすい
美女　びじょ
美麗　びれい
胃袋　いぶくろ
胸元　むなもと

高鼻　たかはな
骨喰　ほねくい
黒髪　くろかみ
猫背　ねこぜ
強首　こわくび
歯黒　はぐろ
微笑　びしょう
鼻毛　はなげ
濡髪　ぬれがみ

【親族関連】

小児　しょうに
小袋　おふくろ
三郎　さぶろう
父母　ふぼ　ふも　たらち
夫婦　めおと
分家　ぶんけ
太郎　たろう
先祖　せんぞ
血分　ちわけ
同性　どうせい
老後　ろうご
身内　みうち　みない　みのうち
初祖　うそ
伯母　うば
祖父　そぶ
祖母　ばば　そば　うば
保母　ほぼ
家内　かない　やうち　やぬち
家老　かろう　けら
新妻　にいづま
隠居　いんきょ
養父　ようふ　やふ　かいふ
養老　ようろう
親里　おやさと

【政治・官僚関連】

大臣　おおおみ
大名　だいみょう
大蔵　おおくら
公使　くらむ

公家　くげ
市長　いちおさ
安保　やすほ　あんぽ　あぼ
　　　あぼう
刑事　おさかべ
町長　ちょうちょう　まちなが
村長　むらおさ
判事　はんじ
国保　くにやす　こくぼ
国政　こくせい　くにまさ
首長　しなが
政治　せいじ
政所　まんどころ　まさどころ
宰相　さいしょう

執行　しぎょう
税所　ぜいしょ　さいしょ

【相撲関連】

一門　いちもん　いちかど
一番　いちばん
力士　りきし
大入　おおいり
大引　おおびき
大関　おおぜき
土取　つちとり
小結　こむすび
弓取　ゆみとり
白星　しろぼし

休場　きゅうば
行司　ぎょうじ
金星　きんぼし
相撲　すもう
前頭　まえがしら
黒星　くろぼし
幕内　まくうち　まくのうち
関取　せきとり
関脇　せきわき　せきわけ
蔵前　くらまえ

【教育関連】

入学　にゅうがく
大学　だいがく

大學　だいがく
文庫　ぶんこ
分校　ぶんこう
先生　せんせい　せんぶ　せんじょう　さきどり
見学　けんがく　みがく
図書　ずしょ
国立　こくりゅう
知識　ちしき
國立　くにたち
黒板　こくばん　くろいた
講堂　こうどう

【社会関連】
二股　ふたまた
七夕　たなばた
入場　いりば
人形　ひとかた
大工　だいく
大字　おおわざ　だいじ
大安　だいあん　おおやす
大吉　だいきち　おおよし
大家　おおや
大奥　おおおく
大勝　たいしょう　おおかつ
小生　しょうぶ　こしょう
小形　おがた

小祝　こいわい
弓取　ゆみとり
川柳　かわやなぎ
土木　どぼく　つちき
上下　じょうげ
上手　うわて
上等　うえら　うえとら
上達　じょうたつ
下り　くだり
下上　しもかみ
下手　しもて
下位　かい
下段　かだん
万才　まんざい

万歳	まんざい　ばんざい
山首	やまくび
山登	さんと
五見	ごみ　いつみ
五輪	ごりん　ごわ　いつわ
友好	ゆうこう　ともよし
仁義	じんぎ
犬童	けんどう
内蔵	ないぞう
心屋	こころや
支部	しぶ
文字	もんじ
日本	にほん　にっぽん　ひのもと
日当	ひあたり
日當	ひあたり
太子	たいし
方便	ほうべん
天井	てんじょう　あまい
天海	あまみ
水呉	みずくれ　みくれ
水門	すいもん
水盛	みずもり
公平	こうへい　こうだ　きみひら
今北	いまきた
今度	このたび　こんど
今後	こんご
木造	きづくり
手打	てうち
手取	てどり
切口	きりくち
切替	きりかえ
出牛	でうし
王子	おうじ
出世	しゅっせ
出合	であい
出店	でみせ
出納	すいとう
出馬	でば
出張	でばり
出頭	でがしら　しゅっとう

目次	もくじ　めじ　めつぎ
目的	めつぎ
打出	うちで
打明	うちあけ
未定	みさだ
立入	たちいり
立場	たちば
平成	ひらなり
平和	へいわ　ひらわ
平等	へいとう　ひらとう　びょうどう　たいら
古株	ふるかぶ
古巣	ふるす
世界	せかい

石割	いしわり
左官	さかん
正月	きさつき　むつき　しょうげつ　しょうがつ
正門	まさかど
立入	たちいり
仕入	しいれ
永久	ながく
永住	ながすみ
永墓	えいぼ
生江	なまえ
市場	いちば
田舎	いなか
田植	たうえ

札場	さつば
本名	ほんな
本部	もとべ　ほんべ
以後	いご　もちじり
尻無	しりなし
氷室	ひむろ
北前	きたまえ
行天	ぎょうてん
行方	ゆくえ　ゆきかた　なめかた　ひじかた
行事	ぎょうじ
舟渡	ふなど
名所	めいしょ
会見	かいけん　あいみ

会場	かいば
吉福	きちふく
地下	ちか　ちした　じげ
地主	じぬし
地頭	じぢどう
地蔵	じぢぞう
至極	しごく
年末	としまつ
年代	ねんだい
字引	じびき
当座	とうざ
宇隨	うずい
自休	じきゅう
仲間	なかま
冷水	ひやみず　れいすい
尾首	おくび
花見	はなみ
花形	はながた
花咲	はなさき
花盛	はなさかり
花摘	はなつみ
花籠	はなかご
見本	みもと
見目	けんもく　みのめ　みため
見物	けんぶつ　けんもつ
見張	みはり
近郷	きんごう
近道	ちかみち　こんどう
牡丹	ぼたん
住所	じゅうしょ
形見	かたみ
沢山	たくさん
声高	こえたか　こうせい
寿命	じゅみょう
別紙	べっし　べつかみ
走り	はしり
社内	しゃない
返却	へんきゃく
彼岸	ひがん
空中	そらなか　くうちゅう
定石	じょうせき

取次	とりつぎ
和平	わへい　わひら
国土	こくど
国宝	こくほう
延寿	えんじゅ
長命	ちょうめい
長者	ちょうじゃ
東京	とうきょう
底引	そこびき
武士	ぶし　たけし
武者	むしゃ
松竹	しょうちく
門松	かどまつ
官能	かんのう　かんの

明日	あす　ぬくい　あけび
	ぬくび　あけい　みょう
	か
明治	めいじ
咲花	さっか
持主	もちぬし　じぬし
昭和	しょうわ
相場	あいば　そうば
風口	かざぐち　かぜぐち
風穴	かざあな
草分	くさわけ
炬口	きょくち　ともしくち
南向	みなみむき
追風	おいかぜ

食堂	しょくどう　じきどう
音無	おとなし
音頭	おんど　おとかしら
音琴	ねごと
指吸	ゆびすい
指輪	さしわ
祝出	いわいで
乗次	のりつぎ
乗越	のりこし　じょうこえ
珍名	ちんな
逆井	さかさい
浮世	うきよ
浮穴	うきあな
莨屋	たばこや

帯刀　たてわき　たいと　おび
　　　なた　たいとう
恋中　こいなか
恋仲　こいなか
造酒　つくりざけ　みき
造船　ぞうせん
酒屋　さかや
酒造　みき　さかづくり　しゅ
　　　うぞう
酒盛　さかもり
酒蔵　さかぐら
脊戸　せと
座主　ざぬし
降参　こうさん

朔日　ついたち
根廻　ねまわし
根無　ねなし
紙上　しかみ　しじょう
途中　とちゅう
鬼面　きめん
唐桶　からおけ
海外　かいがい
海辺　かいべ
海岸　かいがん
海道　かいどう
家元　いえもと
家出　いえで
家持　いえもち

般若　はんにゃ
記録　きろく
接待　せったい　せつまち
問屋　とんや　といや
宿屋　やどや
都市　とし　といち
都合　つごう　とあい　とごう
黄金　おうごん
悪原　あくはら
悪魔　あくま
笛吹　ふえふき
釣竿　つりざお
釣船　つりぶね
巣立　すだち　すだて

蛇口　じゃぐち　へびぐち
細字　ほそじ
執行　しっこう
髙橋　たかはし
黒子　くろこ　くろし
硫黄　いおう
登山　とざん　とやま
登口　のぼりぐち　とぐち
登記　とうき
萬歳　ばんざい　まんざい
買手　かいて
買場　かいば
温泉　おんせん　いずみ　ゆせん

番地　ばんち
番匠　ばんじょう
御宿　おんじゅく　おやど　みしゅく
満足　まんぞく
敬礼　けいれい
敬禮　けいれい
無敵　むてき
街道　かいどう
朝顔　あさがお
勝利　しょうり
最初　さいしょ
落神　おちがみ
落葉　おちば

割烹　かっぽう
寒獄　かんごく
渡来　とらい
貴家　さすか
裏山　うらやま
裏地　うらじ
開発　かいはつ　かいほつ
義理　ぎり
勢力　せいりょく　せりき　せいりき
節分　せつぶん
殿下　とのした
戦場　せんば
碁石　ごいし

愛敬	あいきょう
献上	けんじょう
農業	のうぎょう
踊場	おどりば
隠家	かくれか
綱引	つなひき
横丁	よこちょう
盤若	はんにゃ
綣繰	へそくり
膳所	ぜんどころ　ぜしょ　ぜぜ
櫛引	くしびき
雛形	ひながた
鯉登	こいのぼり　こいと
曜日	かがひ
臨海	のぞみ
鎮守	ちんじゅ
観念	かんねん
戀仲	こいなか
麤皮	あらかわ

○子の不思議

名字の中で最多は二字の名字であることは、一般的な常識として知られています。

その中で「○田」「○川」「○上」「○下」「○島」などが代表的なもので、数多く存在していますが、珍しい名字として「○子」があります。「子」の読み方は「し」「じ」「こ」「ご」「す」などあり、名字と名前の区別がつかない場合があると思われてきました。

特に昭和時代とそれ以前の女性の名前には「○子」が多い例からすると、名字が「○子」

名前が「○子」では……？

例えば、昌子（しょうじ）昌子（あきこ）、孝子（たかし）孝子（たかこ）とは冗談にも命名しないでしょう。

リアルに当時のことを考えれば「○子」の名字の方々は命名に苦慮されたのではないか、と想像します。その後、平成、令和の時代に入って名前に「○子」はあまり使われなくなりましたので「○子」の名字の方はその点の苦悩はなくなったのではないか。一安心と言ったところでしょう。名前の範囲が広がったものと思われます。

名字「○子」その数約百六十、呼び名約二百四十、一番有名な名字は「金子」さんです。次は「益子」さんですか。

また不思議な名字群の○口、○丸、○月、○爪、○目、○見、神○、○城、などなど日頃あまり出合わないお名前があります。その他、有名な地名の名字、また大変失礼とは思いますが、不思議な珍しい名字群が存在します。

そして二字名字の中でも一般的スタンダードな佐藤、加藤、藤原、藤田を代表する「藤」のつく名字の方は、国内に約一千万人いらっしゃると言われています。

【〇子】

一子　かずこ　いちこ　いちのこ
二子　ふたご
人子　ひとこ
入子　いりこ
丁子　ていし　ちょうじ
八子　やご　やじ
小子　おこ　おのこ　ちいさご
山子　やまこ
土子　どこ　つちこ
丸子　まりこ　わにこ　まるこ
久子　くす
木子　きご　きつこ
円子　まるこ　まりこ
中子　なかこ
太子　たいし
仁子　じんこ
王子　おうじ
仏子　ぶっし
白子　しろこ　はくし
包子　ほうし　かねこ
田子　たつこ　たたこ　たご　たっこ　たこ
平子　たいらご　ひらこ　へいし　たいらぐ
古子　ふるこ
辻子　つじこ　づし
石子　いしこ
生子　うぶこ　いけこ
布子　ぬのこ
白子　しらこ
加子　かし
左子　さこ
尼子　あまご　あまこ
仕子　しこ
多子　たご
名子　なこ　なご
団子　だんご
成子　せいこ　なるこ
戎子　えびす
庄子　しょうし

西子	にしこ　せいこ
老子	おいご　おいそ
仲子	なかこ
夷子	えびす
米子	こめこ　よなご
壮子	おのこ
竹子	たけし
吾子	あこ
秀子	ひく
芥子	かいし　けし　からし
図子	ずし
杓子	しゃくし
佐子	さこ
弟子	てし
花子	はなこ
辛子	からし
尾子	びこ　おのこ　おご　おし
良子	りょうこ
児子	こし　にこ
孝子	たかし　こうし
私子	きさこ　きさし　きさいち
吏子	ことし
禿子	ひく
昌子	あきこ　しょうこ　しょうじ　まさご　まさこ　しょうし
坪子	つぼこ
武子	たけこ　たけし
若子	わかこ
延子	えんこ　のべこ
牧子	まきこ
板子	いたこ
学子	います
岩子	いわこ
金子	とね　かねこ
呼子	よぶこ
茄子	なす
服子	ふくこ
季子	きし
沼子	ぬまこ

相子	あいこ
荘子	そうし
胡子	えびす　ごこ
保子	やすこ
城子	しろこ
星子	ほしこ　せいこ
砂子	すなご　すなこ　こさご　まさご
浅子	あさご　あさこ
神子	みこ　かみこ
盆子	はこち
荒子	あらこ
栄子	えます
笑子	えみこ

浜子	はまこ
梓子	すまこ　するこ
扇子	せんす
釘子	くぎこ
紙子	かみこ
海子	なるこ
峯子	みねこ
根子	ねこ　ねし
宮子	みやこ
高子	たかこ　たかし
桒子	くわこ
桑子	くわこ
島子	しまこ
原子	はらこ　はらっこ

家子	いえこ　えのこ　けにん
真子	まこ
孫子	まご　あびこ　さなこ　あなこ
兼子	かねこ
益子	ましこ　ますこ
鬼子	きし
菓子	かし
猪子	いのこ
亀子	かめこ
笹子	ささご
堀子	ほりこ
蛇子	じゃこ
瓶子	へいし　べいし　べし

	せいしこ　びんし
黒子	くろこ　くろし
琉子	りゅうこ　りゅうし
鹿子	しかこ　かのこ
帷子	かたびら　かなひら
蛯子	えびす　えび　えびこ
喜子	きこ
蛭子	えびす　えび　えびこ
童子	おとめ　おうな　おむな
帽子	ぼうし
椀子	まりこ
須子	すこ
御子	みこ
朝子	あさこ
森子	もりこ
厨子	ちゅうし　ずし
遊子	ゆす
鈴子	すずこ　これいし
碇子	ていこ　いかりこ
愛子	あいこ　あやし　あしこ
腹子	はらこ　ふくこ　はらし
蓮子	れんし　はすこ
新子	しんこ　あらこ　あたら
	し
勢子	せこ
猿子	えんこ　さるこ　ますこ
	ましこ
誂子	ちょうし　あつらこ
楊子	ようじ
雉子	きじ
飽子	あびこ
獅子	しじ
圓子	まるこ
雑子	ざっし
増子	ましこ　ますこ
稲子	いなこ　いねこ
銅子	かねこ　どうし
種子	たね　たねこ
障子	しょうじ　あきこ
銚子	ちょうし　あつらこ
圖子	ずし
調子	ちょうし　ちょうこ

箭子　やし　せんこ　ちょうし
撫子　なでしこ
憑子　たのし
鮑子　あびこ　あわびこ
鞠子　まりこ
鮱子　ぼらし
壓子　あつし
藤子　ふじこ　ふじっこ
鵜子　うのこ
鶴子　つるこ

【子○】

子川　こがわ
子夫　ねふ
子日　わひ
子田　こだ
子吉　こよし
子守　こもり
子安　こやす
子林　こばやし
子師　ねし
子浦　こうら
子島　こじま

【○口】

一口　いもあらい　いっこう　ひとくち　いちぐち　かずぐち　もろくち
二口　ふたくち　にくち
入口　いりぐち
三口　さんくち　みくち　みつくち
与口　よくち
才口　さいぐち
上口　かみくち
下口　しもくち
土口　つちくち
丸口　まるくち
大口　おおぐち
小口　こぐち
戸口　とぐち
火口　ひぐち

中口	なかくち
片口	かたくち
日口	ひぐち
牛口	うしぐち
天口	あまぐち
木口	きぐち
今口	いまぐち
引口	ひきぐち
友口	ともくち
円口	えんくち
中口	なかぐち
切口	きりくち
太口	たぐち
古口	ふるくち
永口	ながくち
広口	ひろくち
穴口	あなくち
左口	さくち
外口	とぐち
出口	でぐち　いずぐち
市口	いちくち
生口	うぶくち
加口	かぐち
石口	いしくち
半口	なかくち
辻口	つじくち
北口	きたぐち
平口	ひらくち
両口	りょうぐち
吉口	よしくち
舟口	ふなくち
地口	ちぐち
多口	たぐち
宇口	うくち
芝口	しばくち
西口	にしぐち
汐口	しおくち
印口	いんくち　おしぐち
名口	なぐち
羽口	はぐち
地口	ちくち
向口	むかいくち

米口	こめくち
気口	けた
守口	もりくち
寺口	てらくち
竹口	たけくち
池口	いけくち
阪口	さかくち
杖口	つえくち
見口	みくち
呑口	のみぐち
杉口	すぎくち
花口	はなくち
里口	さとくち
町口	まちくち
芦口	あしくち
沖口	おきぐち
辰口	たつくち
尾口	おくち
芹口	せりくち
角口	かどくち
佐口	さくち
折口	おりくち
村口	むらくち
苙口	おそぐち
岡口	おかくち
板口	いたくち
金口	かなくち
虎口	とらくち
松口	まつくち
泊口	とまりくち
表口	おもてぐち
武口	たけくち
坪口	つぼくち
苔口	たいくち　こけぐち
岸口	きしくち
林口	はやしくち
岩口	いわくち
門口	かどくち　まぐち　もんぐち　じょうぐち
沼口	ぬまくち
京口	きょうぐち
迫口	さこくち

事口　ことぐち
巻口　まきくち
栄口　えくち
屋口　やぐち
垰口　たおぐち
泉口　せんぐち
春口　はるくち
畑口　はたくち
南口　みなみくち
風口　かぜくち　かざぐち
洞口　どうぐち
柳口　やなぐち
香口　こうぐち
胡口　えびすぐち

美口　みくち　びぐち
炬口　ともしくち　きょうくち
　　　たけのくち　たけぐち
　　　たきぐち　ひぐち
後口　あとくち
砂口　すなくち
柚口　ゆずくち
垣口　かきぐち
城口　しろくち
津口　つくち
桂口　かつらくち　けいくち
真口　しんくち
格口　かっこう
納口　のうくち

峪口　はざまくち
廻口　さこ　せこぐち
馬口　まくち
根口　ねぐち
浦口　うらくち
峯口　みねくち
家口　いえぐち
俵口　たわらくち
恵口　えぐち
将口　しょうこう　しょうぐち
益口　ますくち
笈口　きゅうくち
島口　しまくち
倉口　くらくち

兼口　かねくち
浪口　なみくち
柴口　しばくち
竜口　たつくち
海口　うみくち
能口　のうくち
高口　たかくち
脇口　わきぐち
窄口　さくくち
釜口　かまくち
寄口　よりくち
宿口　やどくち
船口　ふなぐち
黒口　くろくち

桶口　おけぐち
菊口　きぐち
乾口　かんくち
崩口　つえぐち
崎口　さきぐち
強口　つよくち　こわぐち
細口　さいくち
亀口　かめくち
菰口　こもくち
組口　くみぐち
蛇口　じゃぐち　へびぐち
堂口　どうぐち
埜口　のぐち
富口　とみくち

猪口　いくち
盛口　もりぐち
渡口　とこう　とぐち
開口　かいこう
萩口　はぎくち
賀口　がくち
湊口　みなとくち
飯口　いいくち
湖口　こぐち
登口　とぐち　のぼりぐち
奥口　おくぐち
筌口　せんくち
湧口　わくぐち
筒口　つつくち　どくち

渫口　かいぐち
間口　まぐち
幅口　はばくち
湯口　ゆぐち
道口　みちぐち
塘口　どてくち　ともぐち
源口　けんこう
堰口　せきぐち
塩口　しおくち
新口　しんこう
農口　のぐち
豊口　とよくち
越口　こしくち
構口　こうくち　かまえぐち

箕口　きくち
関口　せきぐち
稲口　いなくち
嶋口　しまくち
穂口　ほぐち
諸口　もろくち
播口　はりくち
駒口　こまくち
樽口　たるくち
薮口　やぶくち
龍口　たきくち
謡口　うたぐち
澤口　さわくち
磯口　いそくち

簑口　みのくち
鯉口　こいくち
濱口　はまぐち
鵜口　うくち
藤口　ふじくち
瀧口　たきくち
瀬口　せくち
獺口　おそぐち
灘口　なだくち
露口　つゆくち
鱶口　ふかぐち

【口○】

口元　くちもと

口井　くちい
口内　くちない
口田　くちだ
口石　くちいし
口地　こうち　くち
口羽　くちば
口村　くちむら
口町　くちまち
口岩　くちいわ
口脇　くちわき
口野　くちの
口蔵　くちくら

【○丸】
一丸　いちまる
乙丸　おつまる　おとまる
力丸　りきまる
八丸　はちまる
十丸　とおまる
三丸　さんまる
才丸　さいまる
山丸　やままる
千丸　せんまる
上丸　かみまる
小丸　こまる
木丸　きまる
井丸　いまる

王丸　おうまる
戸丸　とまる
犬丸　いぬまる
牛丸　うしまる
内丸　うちまる
日丸　ひまる
辻丸　つじまる
四丸　しまる
北丸　きたまる
古丸　こまる
平丸　ひらまる
外丸　そとまる
本丸　ほんまる
出丸　でまる

市丸　いちまる
白丸　しろまる
印丸　いんまる
安丸　やすまる
西丸　にしまる　さいまる
米丸　よねまる
吉丸　きちまる
竹丸　たけまる
肉丸　にくまる
杉丸　すぎまる
谷丸　たにまる
赤丸　あかまる
角丸　かくまる
来丸　らいまる

幸丸　さちまる
長丸　おさまる
国丸　くにまる
東丸　ひがしまる
武丸　たけまる
岩丸　いわまる
音丸　おとまる
重丸　しげまる
城丸　しろまる
神丸　かみまる
秋丸　あきまる
持丸　もちまる
釘丸　くぎまる
脇丸　わきまる

浦丸　うらまる
栗丸　くりまる
能丸　のうまる
高丸　たかまる
宮丸　みやまる
鬼丸　おにまる
兼丸　かねまる
梶丸　かじまる
常丸　つねまる
雪丸　ゆきまる
寅丸　とらまる
黒丸　くろまる
亀丸　かめまる
梅丸　うめまる

得丸　とくまる
鳥丸　とりまる
陸丸　りくまる
都丸　みやこまる
満丸　みつまる
勝丸　かちまる
登丸　とまる
筒丸　つつまる
腰丸　こしまる
猿丸　さるまる
豊丸　ゆたかまる
新丸　しんまる
福丸　ふくまる
熊丸　くままる
薬丸　やくまる
駁丸　ぶちまる
篠丸　しのまる
藤丸　ふじまる
鶴丸　つるまる

【丸○】

丸一　まるいち
丸小　まるこ
丸口　まるくち
丸子　まるこ
丸上　まるかみ
丸下　まるした
丸毛　まるけ
丸内　まるうち
丸中　まるなか
丸木　まるき
丸井　まるい
丸元　まるもと
丸石　まるいし
丸市　まるいち
丸目　まるめ
丸永　まるなが
丸矢　まるや
丸江　まるえ
丸西　まるにし
丸吉　まるよし
丸地　まるち

丸池　まるいけ
丸形　まるかた
丸沢　まるさわ
丸杉　まるすぎ
丸谷　まるたに
丸尾　まるお
丸岩　まるいわ
丸林　まるばやし
丸居　まるい
丸若　まるわか
丸屋　まるや
丸重　まるしげ
丸畑　まるはた
丸島　まるしま

丸浜　まるはま
丸峯　まるみね
丸亀　まるがめ
丸崎　まるさき
丸笹　まるささ
丸野　まるの
丸森　まるもり
丸塚　まるつか
丸澤　まるさわ
丸橋　まるはし
丸藤　まるふじ
丸瀬　まるせ
丸鶴　まるつる

【○月】

一月　いちげつ
入月　いりつき
七月　なつき
大月　おおつき
上月　かみつき
日月　たちもり
文月　ふみつき　ふづき
五月　さつき
円月　えんげ
巴月　はつき
出月　いでつき
石月　いしづき
正月　きさつき　むつき　しょ

うげつ　しょうがつ
卯月　うつき
両月　わち
合月　あいつき
江月　えつき
如月　きさらぎ
花月　はなつき
弟月　おとづき
若月　わかつき
法月　のりつき
城月　しろつき
星月　ほしつき
香月　かつき
柚月　ゆずつき　ゆづき

皆月　みなつき
海月　くらげ
浜月　はまつき
将月　まさつき
皐月　さつき
着月　あかつき　あきつき
皐月　さつき
萬月　まんげつ
塩月　しおつき
陽月　ようづき
竪月　たてつき
調月　ちかつき
観月　みつき
鵜月　うづき

【月○】
月川　つきかわ
月井　つきい
月元　つきもと
月木　つきき
月永　つきなが
月田　つきた
月本　つきもと
月安　つきやす
月江　つきえ
月光　がっこう
月守　つきもり
月成　つきなり

月花　つきばな　げっか
月形　つきがた
月見　つきみ
月坂　つきさか
月折　つきおり
月足　つきあし
月村　つきむら
月沢　つきさわ
月尾　つきお
月岡　つきおか
月居　つきい　つきおり
月東　つきあずま
月城　つきしろ
月俣　つきまた
月原　つきはら
月脚　つきあし
月崎　つきさき
月野　つきの
月森　つきもり
月精　つきせい
月輪　つきわ
月館　つきたて
月舘　つきたて
月橋　つきはし

【〇目】

一目　ひとめ
九目　くめ
大目　おおめ
川目　かわめ
丸目　まるめ
三目　さんめ　さんもく
天目　てんめ
中目　なかのめ
切目　きりめ
木目　もくめ
分目　わけめ　わんめ
本目　もとめ
出目　でめ
布目　ぬのめ　ふのめ
平目　ひらめ　ひらごうめ
矢目　やのめ

北目	きため
永目	ながめ
糸目	いとめ
江目	ごうのめ
羽目	はのめ
見目	みのめ　みため　けんもく
折目	おりめ
沢目	さわめ
余目	あまるめ
杉目	すぎのめ　すぎめ
金目	きんめ　かなめ
門目	かどめ
河目	かわめ
迯目	にげめ
押目	おしめ
尚目	たかしめ
岩目	いわめ
柄目	からめ
相目	どうどめ
茶目	ちゃめ　さめ
荒目	あらめ
甚目	はため　はだめ　じんめ
秋目	あきめ
兼目	かねめ
高目	たかめ
留目	とどめ
馬目	こまめ　まめ　まのめ
夏目	なつめ
眼目	さっか　がんもく
猪目	いのめ
細目	ほそめ
笹目	ささめ
黒目	くろめ
堂目	どうめ
鹿目	しかのめ
勝目	かちめ
斑目	まだらめ
塚目	つかのめ　つかめ
割目	わりめ
湯目	ゆのめ　ゆめ
葛目	かつめ

新目　しんめ　あらため
楠目　くすのめ　くすめ　くずめ
綾目　あやめ
関目　せきめ
境目　さかいめ
駒目　こまめ
横目　よこめ
餘目　あまりめ
蟇目　ひきめ
橋目　はしめ
磯目　いそめ
鎗目　やりめ
鎮目　しずめ

鞭目　むちめ
藤目　ふじめ　ふしめ
鯪目　こいめ
鰆目　さわらめ
鰀目　えのめ　うのめ　よなめ　えなめ　かんめ　なつめ
鬮目　くじめ
鶴目　つるめ

【目○】

目七　めなな
目戸　めと
目片　めかた
目木　めき

目方　めかた
目代　もくだい
目出　めで
目次　めつぎ　めじ　もくじ
目沢　めさわ
目谷　めたに
目良　めら
目的　めつぎ
目時　めとき
目原　めはら
目移　めうつり
目細　めぼそ
目野　めの
目崎　めさき

目賀　めが
目羅　めら
目瀬　めせ

【○爪】
木爪　きづめ
火爪　ひづめ
日爪　ひづめ
井爪　いづめ
北爪　きたづめ
石爪　いしづめ
田爪　たづめ
冬爪　ふゆづめ
西爪　にしづめ
池爪　いけづめ
旭爪　ひのつめ
竹爪　たけつめ
江爪　えづめ
阪爪　さかつめ
孤爪　こづめ
坂爪　さかづめ
奈爪　なつめ
岩爪　いわづめ
苦爪　くが
東爪　ひがしづめ
肥爪　ひづめ
神爪　かみづめ
柿爪　かきづめ
浜爪　はまづめ
倉爪　くらづめ
蚊爪　かづめ　かがつめ
猪爪　いのつめ
椎爪　しいづめ
奥爪　おくづめ
渡爪　わたりづめ
滝爪　たきつめ
猿爪　ましづめ
筧爪　ひつめ　ひづめ　といだ
樋爪　ひつめ
橋爪　はしづめ
篠爪　しのづめ
瀬爪　せづめ

【爪○】
爪工　つめたくみ
爪川　つめかわ
爪丸　つめまる
爪田　つめた
爪長　つめなが
爪林　つめばやし
爪野　つめの
爪橋　つめはし

【○見】
一見　かずみ　ひとみ
二見　ふたみ
人見　ひとみ
七見　ななみ
十見　とおみ　じゅうみ
三見　さんみ
下見　かみ　したみ
土見　つちみ
川見　かわみ
上見　かみ　うえみ
山見　やまみ
小見　こみ
大見　おおみ
五見　ごみ　いつみ
牛見　うしみ
内見　うちみ
仁見　にみ
天見　あまみ
毛見　けみ
月見　つきみ
中見　なかみ
片見　かたみ
水見　みずみ
氷見　ひみ
平見　ひらみ
正見　まさみ
辺見　へんみ
出見　でみ
加見　かみ
生見　なまみ

用見	ようみ
石見	いしみ　いわみ
広見	ひろみ
田見	たみ
永見	えみ
穴見	あなみ
古見	ふるみ
北見	きたみ
由見	ゆみ
立見	たつみ
只見	ただみ
安見	やすみ　あみ
吉見	よしみ
好見	よしみ

江見	えみ
成見	なるみ
朽見	くたみ
宅見	たくみ
自見	じみ
池見	いけみ
式見	しけみ
仲見	なかみ
汐見	しおみ
両見	りょうみ
会見	かいみ
近見	ちかみ
西見	にしみ
舟見	ふなみ

年見	としみ
寺見	てらみ
竹見	たけみ
糸見	いとみ
花見	はなみ
沢見	さわみ
初見	はつみ
形見	かたみ
来見	くるみ
寿見	すみ
但見	たんみ
作見	さくみ
辰見	たつみ
利見	としみ

折見	おりみ
赤見	あかみ
尾見	おみ
坂見	さかみ
沖見	おきみ
妙見	たえみ
里見	さとみ
往見	ゆくみ
知見	ちけん
茂見	しげみ
免見	へみ　へんみ
押見	おしみ
明見	あけみ
林見	はやしみ

坪見	つぼみ
武見	たけみ
虎見	とらみ
国見	くにみ
阿見	あみ
岡見	おかみ
板見	いたみ
岸見	きしみ
河見	かわみ
岩見	いわみ
若見	わかみ
金見	かねみ
茂見	しげみ
垂見	たれめ

松見	まつみ
長見	ながみ
青見	あおみ
物見	ものみ
味見	あじみ
美見	みみ
星見	ほしみ
春見	はるみ
風見	かざみ
垣見	かきみ　かけみ
皆見	みなみ　かいみ
洋見	なだみ
妙見	よしみ
姿見	すがたみ

砂見	すなみ
相見	あいみ
保見	ほみ
重見	しげみ
荒見	あらみ
恒見	つねみ
厚見	あつみ
馬見	うまみ
荷見	はすみ
埒見	らちみ
浜見	はまみ
竜見	たつみ
酒見	さかみ
海見	かいみ
粒見	つぶみ
唐見	からみ
時見	じみ
畔見	くろみ
真見	まみ
原見	はらみ
納見	のうみ
倉見	くらみ
夏見	なつみ
速見	はやみ
逢見	あいみ
鳥見	とりみ　とみ
逸見	いつみ　へみ　へんみ
梅見	うめみ
淤見	おみ
黒見	くろみ
桝見	ますみ
細見	ほそみ
堀見	ほりみ
常見	つねみ
野見	のみ　やみ
深見	ふかみ
笠見	かさみ
釣見	つりみ
魚見	さかなみ
國見	くにみ
清見	きよみ
鹿見	しかみ

船見	ふなみ
奥見	おくみ
遊見	すきみ
敦見	つるみ　あつみ
塚見	つかみ
葛見	かすみ　くずみ
飯見	いいみ
幾見	いくみ
森見	もりみ
勝見	かつみ
渥見	あつみ
達見	たつみ
道見	みちみ　どうみ
朝見	あさみ
須見	すみ
硯見	すずりみ
数見	かずみ
蓮見	はすみ
鈴見	すずみ
鉤見	こうみ
絹見	けんみ
滝見	たきみ
跡見	あとみ
遠見	とおみ
楠見	くすみ
福見	ふくみ
塩見	しおみ
稲見	いなみ
蔓見	つるみ
徳見	とくみ
嘗見	なめみ
爾見	じみ
熊見	くまみ
増見	ますみ
嘉見	かみ
邁見	まいみ
諸見	もろみ
廣見	ひろみ
駒見	こまみ
潮見	しおみ
澤見	さわみ
樽見	たるみ

樫見　かしみ
龍見　たつみ
橋見　はしみ
錦見　にしきみ
磯見　いそみ
駿見　するみ　しゅんみ
邉見　へんみ
邊見　へんみ
藤見　ふじみ
鶸見　ささみ
瀬見　せみ
鷲見　すみ　わしみ
鷹見　たかみ

【見○】
見上　みかみ　みあげ
見川　みかわ
見山　みやま
見口　みくち
見方　みかた
見元　みもと
見戸　みと
見木　みき
見田　みた
見目　みため　みのめ　けんもく
見代　みしろ
見立　みたて
見永　みなが
見付　みつけ
見市　みいち
見生　みお
見世　みせ
見本　みもと
見寺　みてら
見吉　みよし
見米　みまい　みこめ
見竹　みたけ
見角　みすみ
見沢　みさわ
見形　みかた
見谷　みたに

見村　みむら
見尾　みお
見坂　みさか
見明　みあけ
見学　みがく　けんがく
見供　みとも
見取　みとり
見延　みのべ
見並　みなみ
見附　みつけ
見波　みなみ
見物　けんぶつ　けんもつ
見津　みつ
見持　みもち
見神　みかみ
見城　けんじょう
見座　みざ　けんざ
見島　みしま
見浦　みうら
見原　みはら
見高　みたか
見浪　みなみ
見留　みとめ
見鳥　みとり
見張　みはり
見野　みの
見崎　けんざき
見満　みま
見富　みとみ
見渡　みわたり　みわたし
見須　みす
見越　みこし
見澤　みさわ
見藤　みふじ
見瀬　みせ

【○城】

一城　いちしろ
八城　やしろ
九城　くじょう
三城　みしろ
下城　しもじょう

万城	まんじょう
天城	あまぎ
五城	ごじょう
六城	ろくしろ
方城	ほうじょう
今城	いまき　いまじょう
戸城	とじょう
内城	うちじょう　うちしろ
太城	たしろ
仁城	にんじょう
玉城	たまき
石城	いしがき
卯城	うしろ
古城	うしろ
外城	としろ　そとしろ
宇城	うしろ
名城	なしろ
米城	よねしろ
竹城	たかき　たけき
赤城	あかしろ
谷城	やつぎ
角城	かくじょう
秀城	しゅうき
坊城	ぼうじょう
金城	かねしろ
居城	いじろ
斧城	おのしろ
冠城	かぶらぎ
栗城	くりき
袖城	そでしろ
鬼城	おにき
猪城	いき
野城	のしろ　やしろ
堂城	たかぎ
祭城	さいじょう
雄城	おぎ
彭城	いばらぎ
湖城	こじょう
嵯城	さじょう
筑城	ついき
渟城	ていじょう
登城	とじょう

結城　ゆうき
新城　しんじょう
楠城　なんじょう
園城　おんじょう
溺城　ぬき
彰城　さがき
罵城　とき
蕉城　かぶき　かぶらぎ
頸城　くびき
磯城　しき
聳城　たかぎ
護城　もりき
驪城　こまき

【城○】
城一　しろいち　じょういち
城下　しろした
城丸　しろまる
城口　しろくち
城山　しろやま
城子　しろこ
城上　しろかみ
城川　しろかわ
城土　しろど
城井　しろい
城月　しろつき
城元　しろもと
城戸　しろと

城水　しろみず
城内　しろうち
城木　しろき
城市　しろいち
城処　しろところ
城生　しろお
城石　しろいし
城代　しろだい
城台　しろだい
城田　しろた
城平　しろひら
城本　しろもと
城向　しろむかい
城守　しろもり　きもり

城西　しろにし
城地　しろち
城坂　しろさか
城阪　しろさか
城村　しろむら
城谷　しろたに
城尾　しろお
城岡　しろおか
城岸　しろぎし
城取　しろとり
城所　しろところ
城定　しろさだ
城迫　しろさこ
城宝　きほう

城門　しろかど
城和　しろわ
城後　しろあと
城前　しろまえ
城津　しろつ
城畑　しろはた
城家　しろいえ
城座　しろざ
城倉　しろくら
城島　しろじま
城崎　しろざき
城埜　しろの
城野　しろの
城塚　しろつか

城間　しろま
城森　しろもり
城越　しろこし
城詰　しろつめ
城殿　しろでん
城福　しろふく

【〇神】

二神　ふたかみ　にかみ
八神　やかみ
三神　みかみ
小神　こがみ　おこう
千神　ちかみ
大神　おおかみ　おおか　おお

みわ
上神　にわ　うえかみ
山神　やまかみ
下神　しもつみわ
才神　さいかみ
天神　てんじん
井神　いかみ
中神　なかがみ
五神　いかみ　ごしん　ごのかみ
氏神　うじかみ
太神　ふとかみ　おおが
白神　しろかみ　しらが　しらがみ
北神　きたがみ
矢神　やがみ
伊神　いかみ
仲神　なかがみ
年神　としがみ
池神　いけがみ
地神　ちがみ　じがみ
見神　みかみ
赤神　あかがみ
妻神　さいのかみ　さいがみ　さいかみ
明神　あけがみ　みょうじん
岩神　いわがみ
金神　こんじん
居神　いかみ
相神　あいかみ
前神　まえがみ
昼神　ひるかみ
風神　かぜかみ　かざかみ
後神　あとがみ
夏神　なつがみ
恐神　おそがみ
竜神　りゅうじん
掛神　かけがみ
野神　やがみ
笠神　かさがみ
普神　ふかみ
森神　もりかみ

御神　ごせ
福神　ふくがみ　ふくじん
楠神　くすのかみ
鳴神　なるかみ
銭神　ぜにかみ
樹神　きがみ　こだま　じかみ
　　　じゅかみ　きしん
龍神　わだつみ　たつかみ
　　　りゅうじん
操神　あやつりかみ　あやかみ
講神　こうじん

【神○】

神人　かみびと　みわびと

神力　かんりき　じんりき
神八　かみはち
神下　かみした　しんげ
神子　みこ　かみこ
神久　かみひさ　かみく
神丸　かみまる
神戸　かんど　ごうど　かんべ
　　　かみと　こうべ　じんべ
　　　じんご
神中　じんなか
神木　じんき　かみき
神内　かんない　じんない
神爪　かみづめ
神主　かんぬし　こうす　こう
　　　ぬし　こうず
神田　しんだ　かんだ　こうだ
神代　くましろ　こうじろ
神生　かみお
神白　かみしろ
神出　かみで　じんで
神辺　かんなべ
神立　かみたて
神本　かみもと
神永　かみなが
神成　かみなり
神吉　かみよし　かんき
神初　じんぱち　かみはつ
神名　かんな

神西　かんさい　かみにし　じんざい
神先　かんざき
神守　かみもり
神足　こうたり　かみあし
神尾　かみお
神社　じんじゃ　かみもり
神余　かなまる　こうす　かなまり
神杉　かみすぎ
神近　かみちか
神谷　かめがい　かべや
神阪　かみさか
神坂　かみさか

神作　しんさく
神里　かみさと
神沢　かみさわ　しんさわ
神村　かむら　かみむら
神武　しんむ
神長　かみなが
神明　じんめい　じんみょう
神呪　かんの
神取　かみとり
神宝　じんぽう　かんだから
神事　しんじ
神服　はっとり
神門　かんど　こうど　ごうど　かむど

神松　かみもり
神沼　かみぬま
神波　かんなみ　しんば
神河　かみかわ
神枝　かみえだ
神定　かみさだ
神岡　かみおか
神居　かみい
神例　しんれい
神舎　しんしゃ
神奈　かんな
神保　じんぽ
神風　じんぷう　かみかぜ
神津　こうず

神前	かみさき　かんざき　こうざき　かみまえ　しんぜん
神品	かみしな
神屋	しんや
神垣	かみがき
神南	じんなん
神宮	じんぐう　かみみや
神酒	みき
神座	じんざ　みざ　かみざ
神馬	じんば　しんめ　じんま
神脇	かみわき
神庭	かんば　かみにわ
神能	かんのう
神郡	かみごおり
神高	しんこう
神浦	かみうら
神原	かんばら　じんばら　こうはら
神家	じんけ
神部	かんべ　かみべ　じんべ　みわべ　かんとも
神崎	こうざき　かんざき
神鳥	かみとり
神笠	じんがさ
神埜	かみの
神野	こうの　かんの　じんの　かみの
神結	かみやま　しんけつ　かみゆい
神渡	かみわたり　しんと
神道	じんどう
神尊	こうそ
神喰	かんじき　かみじき
神塚	かみづか
神達	かみたつ
神賀	じんが
神場	じんば　かんば
神森	かみもり
神棒	しんぼう
神間	かんま
神嵜	かんざき　かみざき

神楽　かぐら
神殿　こどの　こうでん　しんでん　こうどの
神農　じんの　かみの　こうのう
神園　かみぞの
神稲　しんとう
神窪　かみくぼ
神領　じんりょう
神嶋　かみしま
神蔵　かみくら
神薗　かみその
神頭　かみがしら　こうず
神澤　かみさわ
神藤　しんどう　かんとう　かみふじ
神瀬　かみせ
神鷹　かみたか

【藤○】

藤一　ふじいち
藤力　とうりき
藤九　とうきゅう
藤又　ふじまた
藤八　とうはち
藤入　ふじいり
藤乃　とうの
藤大　ふじお
藤干　ふじほし
藤才　ふじかた
藤小　ふじこ
藤三　とうみ
藤土　とうど
藤口　ふじこう
藤也　とうや
藤与　ふじよ
藤升　ふじます
藤五　とうご
藤月　ふじつき
藤止　ふじとめ
藤六　ふじろく
藤圡　ふじは

藤欠　ふじかけ
藤夫　ふじお
藤卄　ふじい
藤打　ふじうつ
藤寺　ふじでら
藤色　ふじいろ
藤朶　ふじえ
藤男　ふじお
藤佐　とうさ
藤身　ふじみ
藤垈　ふじぬた
藤岱　ふじぬた
藤妻　ふじつま
藤服　ふじはら

藤虎　ふじとら
藤威　ふじい
藤音　ふじおと
藤神　ふじかみ
藤郎　ふじお
藤院　とういん
藤竝　ふじなみ
藤鬼　ふじき
藤時　ふじとき
藤渓　ふじたに
藤黒　ふじくろ
藤雄　ふじお
藤裏　ふじうら
藤殿　ふじどの

藤旗　ふじはた
藤鼻　ふじはな
藤影　ふじかげ
藤頭　ふじず
藤龍　ふじたつ
藤鍋　ふじなべ
藤懿　ふじい
藤鷹　ふじたか

【○藤】

一藤　いちふじ
二藤　にふじ
卜藤　ぼくとう
几藤　きとう

さ藤	さとう
尹藤	いとう
月藤	つきふじ
切藤	きりとう
穴藤	あなふじ
卯藤	うとう
考藤	かんとう
斊藤	さいとう
伍藤	ごとう
辛藤	しんとう
伽藤	かとう
低藤	ていどう
告藤	つぐとう
亝藤	さいとう

昔藤	せきとう
夽藤	まつふじ
音藤	おとふじ
逆藤	さかとう
思藤	おもふじ
案藤	あんどう
神藤	しんどう
區藤	くどう
歳藤	さいとう
嵯藤	さとう
無藤	むとう
御藤	みとう
夢藤	むとう
殿藤	とのふじ

墨藤	すみとう
壽藤	すどう
歌藤	かとう
鼻藤	はなふじ
舞藤	まいふじ
龍藤	たつふじ
頭藤	とうどう
豐藤	とよふじ
[illegible]藤	さいとう
蟻藤	ありとう
鶴藤	つるふじ
鷹藤	たかとう

二字名字で数字の一から十を使った名字を集計してみると、意外にもこんなに多くあるとは想定外の観があります。中でも三にまつわる名字が最大、やはり三はバランスがよいと受けとめられるのか、数字にも運、不運があるのか、選択上の問題とも言えるでしょう。

●は日常でよく目にする名字です。

【一】

一二　いちに　ひふた　ひふつまびら　かずじ
一入　ひとしお　ひといり
一と　いと
一力　いちりき　いっとう
一刀　いっとう
一三　かずみ
一丸　いちまる　いちがん
一万　いちまた
一上　いちかみ
一口　いもあらい　かずぐち　もろくち　かすくち　いっこう　いちぐち　ひとくち　いちかわ
一子　かずこ　いちこ　いちのこ
一久　いっきゅう　いく
一与　いちよ
一川　いちかわ
一山　いちやま　いっさん　かつやま
一寸　ちょっと
一井　くずい　かずい　いちい　いちのい　いちのよい
一木　いちき　ひとつぎ
一戸　いちのへ
一円　いちえん　かずえん　いちまる　ひとまる
一心　いっしん
一双　いちそう
一牛　いちうし

一毛	いちも
一斗	いっと
一元	いちげん
一方	いちかた　ひでかた　いちかた
一日	ついたち
一水	いっすい
一月	いちげつ　いちげ
一刈	いちかり
一分	いっぷん　いちぶ
一仏	いちぶつ
一片	いちかた
一内	いちうち
一手	ひとて
一文	いちもん　いちぶ
一氏	いちうじ
一田	いちた　いちだ
一矢	ひとや
一平	いちひら　ひとひら
一石	いっせき　いっこく　いちいし
一永	いちなが
一本	いっぽん　いちもと
一由	いちよし
一司	いちし
一布	いちふ
一北	いちきた
一甲	いっこう
一世	いっせ
一代	いちだい　いちよ
一広	ひとひろ　いちひろ
一目	ひとめ
一弐	いちに
一向	いっこう　ひとむき
一式	いっしき
一安	いちやす
一守	いちもり
一色	いっしき
一次	いちじ
一江	いちえ
一芝	ひとしば
一后	いちご

一老　いちろう
一光　いかり
一寺　いちてら　いちじ
一宇　いちう
一宅　いちたく
一地　いちじ
一字　ようころ　ようろこ
一刎　いちふん　ひとはね
一吉　ひとよし
一弛　いちし
一好　ひとよし　いちよし
一角　いっかく
一谷　いちのや　いちたに
一杉　ひとすぎ
一村　いちむら
一見　かずみ　いちみ　ひとみ
●一条　いちじょう
一沢　いちさわ
一志　ひとし
一坂　ひとさか
一言　どくごと　ひとごと　ひとこと　いちごん
一花　ひとはな　いっか
一尾　いちのお　いちお
一玖　いっく
一岐　いっき
一身　ひとみ
一坊　いちぼう
一社　いちやしろ
一阪　ひとさか
一来　いちき　いちぎ
一佛　いちぶつ
一町　いちまち　いっちょう
一迫　いちのはざま　いちはざま　いちさこ
一岡　いちおか
一林　いちばやし
一坪　いちつぼ　ひとつぼ
一岩　ひといわ
一明　いちめい
一河　いちかわ
一松　いちまつ　ひとつまつ

一門　いちもん　いちかど
一青　おおと　しとと　しとど　いっと　ひとど　ひととよ　ひとあお　いとと
一居　いちい
一舎　ひとや
一国　いちくに
一和　いちわ
一宝　いちほう
一味　いちみ　ひとあじ
一枝　いちえ
一肩　いちかた
一法　はしのり
一雨　ひとぶり

一所　いっしょ
一物　いちもつ
一來　いちき
一美　いちみ　ひとみ
一柳　ひとやなぎ　いちりょう　いちやなぎ　ひとつやなぎ
一品　いっぽん　いっぽう
一星　いっせい　ひとつぼし
一重　いちしぎ
一盃　いっぱい
一畑　いちはた
一前　いちまえ
一城　いちしろ

一政　いちまさ
一面　いちめん
一垣　いちかき
一柿　いちかき
一度　いったく
一乗　いちじょう
一飛　かずぴ
一毒　いちどく
一家　いちいえ　いっけ　ひとつや　いっか
一栗　いちくり　ひとつぐり　ひとつくり
一海　いっかい　ひとうみ
一島　いちしま　いっとう

一原　いちはら
一宮　いちみや　いっく　いちのみや　いく
一致　いちまさ
一倉　いちくら
一馬　いちうま
一浦　いちうら
一高　いちたか　かずたか
一針　ひとはり
一恩　いちおん
一鬼　いっき
一郡　いちぐん
一真　ひとま
一華　いっか

一扇　いちのかた
一峰　ひとみね
一崎　ひとさき
一笠　ひとかさ
一郷　ひとさと
一都　いっと
一兜　ひとかぶ　ひとつかぶと
●一條　いちじょう
一野　いちや
一部　いちぶ
一桝　ひとます
一盛　いちます
一釣　ひとつり　いちづり
一庵　いちあん

一視　いっし
一宿　ひとやどり
一冨　いちとみ
一窓　いちのまど
一階　いっかい　ひとしな
一森　いちもり
一登　いっと
一場　いちば
一塚　いちつか
一渡　ひとわたり
一筆　いっぴつ　ひとふで
一越　いちこし
一間　いちのま　いっけん
一番　いちばん

一葉　ひとば　いちば　かたは
一期　いちご
一軸　いちじ
一道　いちみち
一貫　いっかん
一湊　いちみなと
一富　かずとみ　たなべ
一最　かずも
一圓　いちえん
一楽　いちらく
一楯　いちたて
一溝　いちみぞ
一新　いっしん
一数　ひとかず　いちかず

一鉄　いってつ
一節　いっせつ
一路　いちろ
一関　いちのせき
一滴　かずよし
一樋　いちひ
一適　いってき
一嶋　かずしま
一窪　いちくぼ
一嶌　いちしま
一徳　いっとく
一箭　いちや
一幡　いちはた
一蝶　いっちょう

一噌　いちり　いちそ　いっそう　いっそ
一駒　いっく
一廣　いちひろ
一穂　いちほ
一橋　ひとつばし　ひとはし
一興　いっこう
一澤　いちさわ
一樹　いっき
一瓢　いちひ
一簗　いちやなぎ
一應　いちおう
一藁　いちわら
一藤　いっとう　かずふじ　い

ちふじ　ひとふじ　いち
のふじ
一關　いっかん　いちのせき
一瀬　いちせ
一鏡　いちかがみ
一願　いちがん
一飄　いっぴょう
一鐵　いってつ
一鷓　いっしゃ
一鷓　いっしゃ
一鷹　いちたか

又一　またいち
と一　といち

乃一　のいち
土一　といち
久一　ひさいち
丸一　まるいち
山一　やまいち
工一　くいち
才一　さいいち
井一　いのいち
中一　なかいち
内一　うちいち
円一　まるいち
尺一　さかくれ　さかくに　か
ねかず
生一　さいち　きいち

正一　しょういち
玉一　たまいち
世一　よいち
末一　すえいち
古一　ふるいち
布一　ふいち
米一　よねいち　いめいち
寺一　てらいち
竹一　たけいち
角一　かどいち
妙一　たえいち
谷一　たにいち　やいち
利一　としいち
金一　かねいち

東一　とういち　あずまいち
武一　たけいち
松一　まついち
若一　わかいち
岡一　おかいち
迎一　むかえいち
枡一　ますいち
城一　じょういち　しろいち
祖一　そいち
高一　こういち
扇一　せんいち
宮一　みやいち
釜一　かまいち
能一　のういち

野一　のいち
菊一　きくいち
産一　うぶいち
盛一　もりとき　もりいち
菖一　あきいち
堀一　ほりいち
桝一　ますいち
須一　すいち
朝一　あさいち
森一　もりいち
新一　しんいち
勢一　せいいち
福一　ふくいち
徳一　とくいち

聞一　ききいち
藤一　ふじいち

【二】

二十　つづ
二又　ふたまた
二八　ふたや
二九　ふたく
二人　ににん　ふひと
二川　にかわ　ふたかわ
二上　ふたかみ
二口　ふたくち　にくち　ふたぐち
二万　にまん

二山　ふたやま
二子　ふたご
二三　ふたみ　ふたたね　また　かず
二井　ふたい　にい
二方　にかた
二木　ふたぎ　ふたき　にき　ふたつぎ
二戸　にのへ　ふたと　にと
二五　にご
二六　にろく
二及　にがゆう
二丹　にたん
二片　にかた

二元　にもと
二反　にたん
二分　にぶん
二石　にこく
二田　にった
二平　にひら
二本　にもと
二永　になが
二矢　ふたや
二司　にし
二世　にせ
二処　ふたい
二礼　にれ
二四　にし

二穴　ふたあな
二名　ふたな　にな　にめい
二江　ふたえ
二羽　にわ
二杁　にいり
二百　つぎお
二色　にしき
二次　にじ
二村　にむら　ふたむら
二沢　にざわ　ふたざわ
二谷　にたに
二見　ふたみ
二杉　にすぎ　ふたすぎ
二坂　にさか

●二条　にじょう

二位　ふたい　にい
二改　にかい
二里　ふたさと
二完　にかん
二佐　にさ
二串　にくし
二社　にしゃ
二尾　にび
二貝　にかい
二町　にまち　にちょう
二岐　ふたまた
二角　ふたかど　にすみ
二門　にもん　にかど

二宗　にそう　にしゅう
二股　ふたまた
二国　にくに
二河　にいかわ　にこう　ふたかわ
二若　にわか
二岡　ふたおか　におか
二味　にあじ
二枝　ふたえ
二所　にしょ
二松　にまつ
二林　ふたばやし
二坪　ふたつぼ
二武　にぶ

二宝　にほう
二雨　にあめ
二芽　にめ
二岩　にいわ
二歩　にぶ
二津　につ
二神　ふたがみ　にかみ
二美　にみ
二郁　にむら
二俣　ふたまた
二垣　にかき
二科　にしな
二重　にがら
二星　ふたぼし

二祖　にそ
二段　にだん
二畑　にはた
二保　にぼ
二面　ふたおもて
二柳　ふたつやなぎ　にりゅう　にやなぎ　ふたやなぎ
二柿　にかき
二荒　ふあら　ふたら
二通　につう
二宮　ふたみや　にみや　にのみや
二浦　にうら
二唐　にから

二馬　ふたば
二島　にしま
二浪　になみ
二家　にか
二高　にたか
二栗　にくり
二栢　にはく
二株　ふたかぶ　にかぶ
二畠　にばた
二桐　にきり
二原　にはら
二峰　にみね
二郷　にさと
二瓶　にかめ　にへい　ふたつかめ　ふたかめ

●二條　にじょう
二部　にべ
二野　にの　にや
二國　にくに
二崎　にさき
二斜　にしゃ
二曽　にそ
二窓　にまど
二鹿　にしか
二基　ふたもと
二張　にはり
二森　にもり
二葉　ふたば

二越　にこし
二塚　につか
二渡　にわたり　にわた　ふたわたし　ふたわたり
二場　ふたば　にば
二道　にみち
二間　にけん
二替　にかえ
二階　にかい　にしな　ふたはし
二滝　にたき
二継　につぎ
二殿　にでん
二関　にせき　にのせき

二敷　にしき
二熊　にくま
二箇　にこ
二嶋　にしま
二幡　にばた
二輪　にりん
二摩　にま　ふたま
二標　にしき
二橋　にのはし　にはし　ふたはし　ふたつばし
二澤　にざわ　ふたざわ
二藤　にとう　にふじ　にっとう　ふたふじ　にのふじ
二瀧　にりゅう

二瀬　にせ
二關　にせき
乙二　おとじ
山二　やまに
丸二　まるに
井二　いに
不二　ふじ
元二　もとじ
永二　えいじ
聿二　いつじ
芙二　ふじ
沖二　おきじ
松二　しょうじ

阿二　あに
斉二　さいじ
泉二　もとじ
政二　せいに
従二　じゅうに
濱二　はまに

【三】

三一　みはり
三又　みまた
三七　みなな
三入　みいり　みる　ざんにゅう
三刀　みと　みとう

三二　みつじ　さんじ　さんに
三九　さんく
三乃　みの
三土　みと
三山　みやま　みつやま
三口　みくち
三丈　みたき
●三上　みかみ
三丸　さんのまる
三ケ　さんか　さんけ
三久　みく
三川　みかわ　さんかわ
三下　さげ　みした　みしも
三大　さんだい

三千　さんぜん　さんせん
三万　まみ
三戸　みと　みつと　さんのへ
三中　みなか
●三友　みつとも　みとも
三方　みかた
三五　さんご
●三井　みつい　みい
三王　さんのう
●三木　みき
三水　さんみず　みみず　さんず　さみず　みつつき
三手　さんて

三反　さんたん
三毛　みけ　みやけ
三元　みもと
三仏　みほとけ
三巴　みとも
三欠　みかけ
三分　さんぶ
三太　みた
三尹　みつただ
三日　みか　みずかい
三引　みびき
三内　そううち　さんだい　さんない
三双　さんそう
三月　みつき
三比　さんび
三石　みいし　みついし
三田　さんた　みた
三辻　みつじ　みつつじ
三本　みつもと　みもと　さんぼん
三平　みひら　みへい　さんぺい
三代　みしろ　みよ　みつい
三由　みよし
三永　さんえい
三辺　さんべ　みなべ
三用　さんよう
三矢　みつや　みや　さんや
三玉　さんぼう
三広　みひろ
三末　みすえ
三仙　みせん
三世　みよ
三四　さんし
三加　みか
三市　みいち
三目　さんめ　さんもく
三丘　みつおか　みおか
三包　さんぽう
三功　さんこう
三古　みこ　さんこ

三甘　さんか
三立　みたて
三処　みところ
三半　みなか
三尻　みかじり
三生　みき　みぶ
三可　みよし　さんか
三束　みつか
●三吉　みよし
三吉　みよし
三百　さんびゃく　みもも
三寺　みてら　みつでら
●三宅　みやけ
三成　みつなり　みなり

●三好　みよし
三舟　みふね
三池　みいけ　みけ
三芝　みしば
三光　さんこう
三羽　みわ
三竹　みたけ
三守　みもり
三多　みた
三地　さんじ
三江　みえ
三安　みやす
三先　みさき
三州　みす

三糸　みいと
三亥　かずい
●三次　みつじ　みよし　さんじ　みつぎ　みすき
三艸　みぐさ
三朴　さんぼく
三行　みゆき
三見　さんみ
三舛　みます
三角　みかど　みすみ
●三村　みむら
三尾　みお
三芳　みよし

三住　みすみ
三身　さんみ
●三谷　みたに　さんや
三坂　さんか
三町　さんまち
●三条　さんじょう
三吾　みご
三沖　みおき
三折　みおり
三貝　みかい
三里　さんり　みり　みさと
三佐　みさ
三邑　みむら
三足　みあし　さんぞく

三良　みら
三坊　さんぼう
三声　さんせい
三近　みちか
三串　みくし　みぐし
三沙　みさご
●三沢　みさわ
三杉　みすぎ
三阪　みさか
三佛　みほとけ
三寿　みす
三邨　みむら
三束　みつか
三位　みい

三来　さんらい
三曳　みつびき
三味　しゃみ
三岩　みいわ
三枝　さいぐさ　みえだ　さえぐさ　さんし　みつえ
三岡　みおか
三歩　さんぽ
三並　みなみ
三東　さんとう
●三林　みつばやし　みはやし
三杯　みはい　さんぱい
三沼　みぬま

三門　みかど
三明　みあけ
●三和　みわ　さんわ
三国　みくに
三牧　みまき
三松　みまつ
三枚　みえ
三宝　さんぽう
三迫　みさこ
三枡　みます
●三河　そごう　みかわ
三杭　さんこう
三武　みたけ
三岳　みたけ

三宗　みむね
三金　みかね
三波　みなみ
三岸　みぎし
三治　さんじ
三京　さんきょう
三苫　みとま
三昌　さんしょう
三者　さんしゃ
三坪　みつぼ
三夜　さんや
三長　さんちょう
三其　さんそ
三居　さんい

三房　みぼう
三姓　さんせい
三依　みより
三使　さんし
三府　さんぷ
三股　みまた
三附　さんぷ
三妻　みつま
三侍　さんじ
三幸　さんこう
三青　みあお
三空　みそら
三始　さんじ
三春　みはる

三垣　みかき
三神　みかみ
●三重　みえ
三津　みつ
三品　みしな
三畑　みはた
三竿　みさお　みかん
三室　みむろ
三砂　みな　みすな
三保　みほ
三洗　みあらい
三政　みまさ　さんせい
三科　みしな
三俣　みまた

三柏　みかし
三城　みしろ　みき
三屋　みつや
三柄　みから
三省　さんしょう
三盃　みはい　さんしょう
三界　みかい
三前　みまえ
三荒　みあらい
●三巻　みまき
三美　みみ
三差　みさ　みさし
三秋　みあき
三信　さんしん

三度　さんど
三洪　みだく
三洲　みしま
三祖　みおや　みそ
三荘　みしょう
三星　みつぼし　みぼし
三乗　さんじょう
三後　さんご
三段　さんだん
三染　みそめ
三柳　みつやなぎ
三皆　みかい
三毒　みどく
三郎　さぶろう

三廼　みつや　みや
三栖　みす
三師　さんし
三高　みたか
三留　みどめ
●三宮　さんみや　みつみや　さんのみや　さんぐう
三家　みやけ
三浪　みなみ
三根　みね
三馬　みうま　みつうま　さんま
三海　みかい

三納　さんのう
三栗　みくり
三舩　みふね
●三原　みはら
●三島　みしま
●三倉　みくら
三柴　みしば
三鬼　みき
三時　さんじ
三華　みが　さんか
三俵　みたわら
三淩　さんりょう
三竝　みなべ　みたて　みなみ
三帰　みき

●三浜　みはま
三通　さんつう
三荻　みおぎ
三桐　みきり
三珠　さんじゅ
三能　さんのう
三記　みき
●三浦　みうら
三軒　さんけん
三脇　みわき
三紙　みかみ
三祖　みそ
三神　みかみ
三冨　みとみ

三堂　みどう
●三國　みくに
三部　みべ
三鹿　みしか
三清　さんせい
●三笠　みかさ
●三郷　みさと
三堀　みつぼり　みほり
●三船　みふね
●三崎　みさき
三野　みつの　みの　さんの　みぬ
三梨　みなし
三瓶　さんぺい　さんべい　みかめ　みへい
三菅　さんべ　みすが
三寄　みき
三桝　みます
三添　みそえ
三亀　みかめ
三渕　みぶち
三窓　さんのまど
三都　みと　さんと
三笹　みささ
三畦　みうね
三盛　みもり
三訳　みわけ
三張　みはり
三渓　みたけ
●三條　さんじょう
三鳥　みとり
三逵　さんき
三梓　さんし
三壹　さんざい
三寅　みとら
三須　みす
三富　みとみ
三善　みよし
三間　みつま　みま
三栗　みくり
三森　みもり　みつもり　さんもり

三觜　みつはし　みはし　みし　さんじ
三喜　さんき　みき
三階　みはし　さんかい　みかい　みしな　さんがい
三賀　さんが
三澆　みはつ
三塚　みつづか　みつか
三道　さんどう
三隅　みすみ
三登　みと
三満　みま
三葛　みかど
三厨　みくりや

三湊　みみなと
三尋　みひろ
三椚　みくぬぎ
三達　みたち
三場　みば　さんば
三嵜　みさき
三堤　みつづ
三棟　さんとう
三貴　みき
三棹　みたく
三統　みむね
三淵　みぶち
三隈　みくま
三朝　みあさ

三統　みむね
三衆　みむろ　みもろ
●三雲　みぐも　みくも
三渡　みと　さんと
三萩　みはぎ
三椡　みつくぬぎ
三葉　みつば
三埼　みさき
三賊　さんぞく
三溝　さんこう　さみぞ
三滝　みつせ　みたき
三鈷　さんこ
三路　さんじ
三塩　さんじ

三園　みその
三福　さんぷく
三鼓　みつづみ
三裏　みうら
三楽　さんらく
三義　さんぎ
三廉　さんれん　みよし
三腰　みこし
三勢　みせ
三歳　みとし
●三越　みつこし
三関　みせき
三熊　みくま
三潴　みちょ

三蓼　みたて
三窪　みくぼ
三増　みます
三栄　みえ
三箸　みはし
三徳　みとく
三種　みたね
三緒　さんしょ
三綿　みわた
三僮　みどう
三養　みやき
●三嶋　みしま
三墨　みすみ
三箇　さんこ　さか　さんか

さんが
三駄　さんだ
三嶌　みしま
三添　みそえ
三幣　さんぺい
三影　みかげ
●三輪　みわ
三潟　みかた
三縄　みなわ
三諾　みつく　さんだく
三穂　みほ
三摩　みま
三箭　みせん
三澄　みすみ

三駒　みこま
三嘴　みし　みつはし　さんし　みはし
三蔵　みくら　みとし
三槻　みつき
三隨　みずい
三横　みよこ　さんおう
三縁　みより
三諸　みもろ
三樹　みき
●三橋　みはし　みつはし
●三賢　みかた
三錀　みがき
●三澤　みさわ

三頭　みかしら
三鴨　みかも
三舘　みたち
三録　みろく
三龍　みたつ
三薮　みやぶ
三縞　さんこう
三薗　みその
三膳　みぜん
三築　みちく
三壁　みかべ
三鍋　みなべ
三邊　みべ
三嶽　みたけ

三谿　みたに　みたけ
三藤　さんどう　みとう　みつふじ　みふじ　さんとう　さんふじ
三𣽹　みもろ
三濱　みはま
三瀦　みちょ　みつま　みつまた　みぬま
三縄　みなわ
三簾　みす　さんれん
三瀬　みせ
三瀧　みたき
三譯　みおさ
三寶　さんぽう

三露　さんろ
三鶴　みかく
三籔　みやぶ
三錀　みがき
生三　いくみ　いきみ　なるみ
加三　かみ
矢三　やみ
金三　かねみ
門三　かどみ
高三　たかさん　たかみ
越三　こしみ
塩三　しおみ
歳三　これみつ

総三　そうざ
藤三　とうみ　ふじみ　とうさ
ん

【四】

四十　しじゅう　よと　あい
よそ
四七　しな
四九　しく
四川　しせん
四万　しま
四下　よつもと
四丸　しまる
四井　しい

四日　よっか
四方　よもの　よも　よかた
しほう　しかた
四元　よもと　しげん　よつも
と
四木　しき
四尺　ししゃく
四戸　しのいえ　しのへ　しい
へ　よんのへ
四分　しぶん
四手　して
四丹　したん
四水　しすい
四止　しし　しと　しま

四氏　しし　しうじ
四本　よつもと　よもと
四辻　よつつじ　よつじ
四平　しひら
四田　よつだ
四主　よぬし
四比　しひ
四伊　しい
四宅　よつや　したく
四位　しい
四村　しむら
●四条　よじょう　しじょう
四谷　よつや
四車　よくるま

四作　しさく
四防　よつまつ
四折　しおり
四角　しかく
四役　しゃく
四居　しい
四枝　しえだ
四河　しかわ
四国　しくに
四門　しもん
四季　しき
四阿　あおか　あずま
四垂　しだれ　したれ　したる
四津　しづ

四柳　しやなぎ　よつやなぎ
四俣　しまた
四屋　よつや
四度　しど
四毒　しどく
四保　しほ
四宮　しのみや　しみや　よつみや
四倉　しくら
四島　よつしま　ししま
四家　あみいえ　しけ　よついえ　しか　よつや　しけや
四釜　しかま　しきる

四栗 しくり
四浦 しうら
四海 しかい
四鬼 しき
四俵 しほ
●四條 しじょう
四渕 しぶち
四野 よの しや
四鹿 ししか よつしか
四塚 しつか
四間 しま
四達 したつ
四越 しこし
四極 しはす しはつ
四富 しとみ
四関 しせき
四極 しい
四熊 しくま
四嶋 ししま
四静 しじょう
四蔵 しぞう
四橋 よつはし
四藤 よとう よふじ しとう
四竈 しかま しそう しきま しかまど
四篠 しとう
四竃 しかめ
四瀬 よせ
四龍 しかま しべし よつかま
四衢 よつじ

【五】

五丁 ごちょう
五十 いい いそ いわ おみ
五厂 ごかん
五刀 ごとう
五三 いつみ ごみ
五川 いつかわ
五丸 ごまる
五上 いつかみ
五弓 ごきゅう こゆみ

五井　ごい
五戸　ごのへ
五木　いつき
五月　さつき　ごがつ
五反　ごたん
五斗　ごと
五天　ごてん
五六　ふのぼり　ふかぼり
五丹　ごたん
五王　ごおう
五石　ごせき　ごいし
五田　いった
五本　ごほん
五代　ごだい

五辻　いつつじ
五加　ごか
五辺　ごべ
五光　ごこう
五次　ごじ
五老　いつおい　ごろう
五名　ごな
五百　いお　いつお
五町　ごまち
五来　ごらい
五貝　ごかい
五里　ごり
●五条　ごじょう
五坊　ごぼう

五見　ごみ　いつみ
五谷　ごや
五対　ごつい
五呂　ごろ
五良　ごら
五社　ごしゃ
五味　ごみ
五林　ごばやし
五牧　ごまき
五明　ごめい　ごみょう
五所　ごしょ
五房　ごぼう
五定　ごさだ
五枝　ごし

五岩	ごいわ
五河	わかて
五東	ごとう
五坪	ごつぼ
五宝	ごほう
五阿	ごあ
五松	ごまつ
五香	ごこう
五郎	ごろう
五荘	ごそう
五前	いつまえ
五津	ごつ
五神	いかみ　ごしん　ごのかみ
五城	ごじょう
五宮	ごみや
五通	ごつう
五郡	ごぐん
五座	ござ
五家	ごか　ごけ
五島	ごしま　ごとう　ごじま
五鬼	ごき
五師	ごか　ごし
五海	ごみ
五峯	ごみね
五党	ごとう
五唐	ごとう
五野	ごや
五條	ごじょう
五崎	ごさき
五得	ごとく
五堂	ごどう
五庵	ごあん
五閑	ごきん　ごか
五賀	ごが
五葉	ごば
五貫	ごかん
五道	ごどう
五間	いつま　ごま　ごけん　ごかん
五棟	ごとう
五畿	いさみ

五當　ごとう
五滝　ごたき
五福　ごふく
五殿　ごでん
五嶋　ごしま　ごとう
五幣　ごへい
五箇　ごか　ごこ
五嶌　ごとう
五関　ごせき
五敷　ごしき
五對　ごつい
五網　ごあみ
五熊　ごくま
五領　ごりょう

五端　ごはし
五徳　ごとく
五穀　ごこく
五輪　ごりん　ごわ　いつわ
五影　いつかげ
五寧　ごでい　こねい
五頭　ごとう
五艘　ごそう
五藤　ごとう
五寶　ごほう
五籐　ごとう

大五　だいご
佐五　さご

余五　よご
金五　きんご　かねご
甚五　じんご
振五　しんご
領五　りょうご
藤五　とうご　ふじご
藏五　ぞうご

【六】

六人　むとり
六三　むさ
六大　あの
六川　むかわ
六万　ろくまん

六与　むくみ
六上　むかみ
六山　ろくさん
六丸　ろくまる
六反　むたん　むはん
六戸　ろくのへ
六井　ろくい
六斗　ろくと
六方　むつかた
六木　むつき
六平　ろくひら　むさか　むたか
六辻　むつじ
六田　むた

六代　ろくだい
六本　ろっぽん　ろくもと
六広　ろくひろ
六辺　ろくべ
六名　ろくな　むな
六合　くに
六向　むこう
六谷　ろくたに
●六車　むつぐるま　むくるま　むつしゃ　ろくしゃ
六角　ろっかく　むすみ　むつかど　むつすみ
六沢　ろくそ　ろくさわ

六条　ろくじょう
六佐　むさ
六串　むくし
六村　ろくむら
六坂　むさか
六尾　ろくお
六町　ろくまち
六林　ろくばやし
六岡　ろくおか
六沼　ろくぬま
六波　むは
六所　ろくしょ
六宗　ろくそう
六門　ろくもん

六拝　ろくはい
六明　ろくめい
六枝　ろくえ
六実　むじつ　むつみ
六束　むつだるま
六郎　ろくろう
六城　ろくしろ
六室　ろくむろ
六畑　ろくはた　むつはた
六信　むつのぶ　むのぶ
六倉　ろくら
六家　ろけ
六浦　むうら
六原　ろくはら

六馬　むば　ろくうま
六島　ろくしま
六軒　ろっけん
六座　むつくら
六峰　ろくみね
六釜　むかま
六郷　ろくごう　むさと
六笠　むかさ
六部　ろくべ
六崎　むさき
六條　ろくじょう
六鹿　ろくしか
六野　ろくの
六埜　ろくの

六厩　むきゅう
六塚　むつか
六雄　ろくお
六萬　ろくまん
六道　りくどう
六渡　むと
六路　ろくろ
六嘉　むか　ろくか
六嶋　ろくしま
六箇　ろっか
六箱　ろくはこ
六廣　ろくひろ
六澤　ろくさわ
六興　ろくおこし

六鎗　むやり
六藤　むつふじ　むとう　むつとう　ろくとう　ろくふじ
六鵜　ろくう
六瀬　ろくせ
又六　またろく
大六　だいろく
小六　ころく
丈六　じょうろく
山六　さんろく
市六　いちろく
合六　あいろく　ごうろく
次六　じむ
当六　とうろく
弥六　やろく
孫六　まごろく
郷六　ごうろく
飽六　あきろく
彌六　やむ
藤六　とうろく　ふじろく　どうろぎ

【七】

七力　しちりき
七山　ななやま
七夕　たなばた
七川　ななかわ
七丈　なたけ
七寸　なす
七日　かずか
七戸　しちのへ
七井　なない
七元　ひちげん
七分　ななぶ
七月　なつき
七田　ななだ
七本　ななもと
七石　なないし
七生　はぶ
七辺　ななべ

七竹　しちたけ
七字　しちじ　しもじ　しちあざ
七条　しちじょう
七見　ななみ
七村　ななむら
七尾　ななお
七沢　ななさわ　しちさわ
七社　ななしゃ
七谷　しちや
七利　しちり
七町　しちまち
七呂　しちろ
七坐　ななくら　ななくろ

七役　しちやく
七角　ななすみ
七里　しちり　しちざと　ひちり　ななざと
七応　しちおう
七門　ななかど
七帖　ななちょう
七松　ななまつ
七枝　ななえ
七味　ななみ
七岡　ななおか
七歩　ななほ
七波　ななは
七林　ななばやし

七河　ななかわ
七宝　しちほう
七草　ななくさ
七昭　ななあき
七星　なぼし
七省　かずよし
七宮　ななみや　しちみや
七原　ななはら
七島　ななしま
七倉　ななくら　ななくろ
七海　ななうみ　ななみ　ひつみ
七浦　ななうら
七高　ひちたか

七俵　ひちたわら
七釜　ななかま
七軒　ひちけん
七家　ななかまど
七座　しちざ
七野　しちの
七崎　ならさき　ななさき
七條　ななじょう
七部　ななべ
七黒　ななくろ
七理　ひちり
七堂　ななどう
七埼　ななさき
七郷　しちごう

七森　ななもり　ななつもり　しちもり
七間　ななま
七嵐　ななあらし
七塚　ななつか
七飯　ななえ
七﨑　ななさき　ならさき
七楽　なながく
七滝　ななたき
七搦　ななからげ
七嶋　ななしま　しちとう　なつしま
七徳　ひちとく
七種　さいぐさ　さえぐさ　なぐさ　ななくさ　さくぐさ　さいくち

七熊　ななくま
七瑩　しちえい
七澤　ななさわ
七瀬　ななせ
七瀧　ななたき
又七　またひち
久七　くなな
山七　やまひち
川七　かわひち
円七　まるしち
中七　なかひち

目七　めなな
角七　かどひち
金七　かねひち
悪七　あくひち　あくしち
堂七　どうひち
勘七　かんひち

【八】
八一　りょういち
八力　やりき
八丁　はっちょう　やまち
八十　やそ
八又　やまた
八九　やく

八子　やご　やじ
八川　やかわ
八上　やかみ
八万　はちまん
八山　はちやま
八丸　はちまる
八久　やく
八ケ　はちか
八大　はちだい
八千　やち
八下　はちげ　やちげ
八丈　やたけ
八口　はちくち
八木　やぎ

八手　はて
八太　はた　はった
●八戸　はちのえ　やえ　はちのへ　はちと　やべ　やへ
八日　ようか
八元　はちげん
八斗　はっと
八井　はい
八毛　はげ
八反　はったん
八内　やうち
八王　やおう
八丹　はったん

八方　はっぽう　やかた　はちかた
八友　やとも
八切　はちきり
八代　やしろ　やつしろ
八平　はちひら
八田　はた　はちだ　はった　やだ　やた
八矢　はちや
八本　はちほん
八辻　やっつじ
八広　やひろ
八石　はっせき
八尻　やしり

八生　はぶ　やぶ
八穴　はちあな
八百　やお
八向　はちむき
八多　はた
八色　やしき
八汐　やしお
八竹　はちく　やちく
八舟　やぶね
八伏　やふせ
八次　はちじ
八束　やそく
八江　はちえ
八合　やごう

八圭　はっけ
八羽　はっぱ　はちはね
八耳　やつみみ
八名　やな
八州　やす
八町　はっちょう
八谷　はちや　やたに　やたがい　やがや　やつがい
●八坂　はちさか　やさか
●八杉　やすぎ
●八沢　やざわ
八尾　はちお　やお
八村　はちむら
八住　やすみ

八里　はちり
八折　はちおり
八条　はちじょう
八車　やぐるま
八乕　やこ
八吹　ほすみ　ほずみ
八角　はっかく　やすみ　やつの　ほすみ
八阪　やさか
八児　やご　やなご　やちご
八並　やなみ　やつなみ　やそなみ
八取　やとり
八京　やけい　やきょう

八房　やふさ
八若　はちわか
八河　はちか　はちかわ
八東　やとう
八板　やいた
八周　はちしゅう
八金　はちかね
八波　はちば
八岡　やおか
八所　やところ
八松　やまつ
八岩　やいわ
八明　やたい
八和　しおの

八拓　やけし
八茎　はっけ
八林　はちばやし
八牧　はちまき
八長　はちなが
八居　やこ
八柳　はちやなぎ
八柄　やつか
八秋　はちあき
八前　はちまえ
八柳　やつやなぎ
八重　やえ
八城　やしろ
八巻　やまき　はちまき

八屋　はちや
八度　はっと
八柏　やかし
八津　やつ
八峠　やとうげ
八品　やしな
八神　やかみ
八畑　やはた
八段　はったん
八面　はちめん
八垣　やかき
八咫　やた
八祐　やけし　やすけ
八洲　やしま　やす

八星　やぼし
八毒　やどく
八俣　やまた
八栗　やくり
八宮　はちみや
八浜　はちはま
八原　やはら
八海　はっかい
八軒　はっけん
八荷　はっか
八納　やのう
八朔　ほずみ　はっさく
八浦　はちうら
八鬼　はちき

八倉　やくら
八馬　はちうま
八島　やつしま　やしま　やじま　はちしま
八桁　はちけた
八起　やおき
八家　やけ
八高　やこう
八浪　はちろう
八記　やき
八剣　はっけん
八陣　やじん
八野　はちの
八亀　やかめ

八掛　やかけ
八張　やはり
八條　はちじょう
八郷　やごう
八部　はたべ　やべ　やたべ
八釣　やつり
八符　やぶ
八都　やつ
八劔　やつるぎ
八崎　やさき
八鳥　やとり
八鹿　ようか
八景　はっけい
八萬　はちまん

八森　やもり　はちもり
八萩　やはぎ
八塚　やつか
八賀　はちか
八須　やす
八筬　やおさ
八埼　やさき
八道　はちどう　やじ　むさし
むさか
八渡　はっと
●八雲　やぐも
八朝　はっちょう　やとも
八登　やと
八葉　はちば

八場　やば
八塔　やとう　はっとう
八握　やつか
八街　やちまた
●八尋　やひろ
八隅　やすみ
八淵　やぶち
八嵜　やさき
八椚　やくぬぎ
八越　やこし
八塩　やしお
八駒　やつり
八嶋　やしま
八熊　やくま

八旗　やはた
八端　やばた
八銀　やがね
八箇　はっこ　はっか
八槇　やまき
八綿　やわた
八窪　やくぼ
八構　やこう
八槙　やしん
八嶌　やじま
八槻　やき
八輪　はちりん
●八幡　はちまん　はばや　はた　やわた　はつま
八影　やかげ
八鞍　やくら　はちくら
八箴　やおき　やぎ
八橋　やはし　やばせ　やつはし
八樹　やき
●八澤　やざわ
八劔　やつるぎ
八壁　やかべ
八頭　やがみ　やず
八鍬　はちくわ　やくわ
八講　やみち　はっこう
八鍛　やきた
八藤　はちふじ　やとう　はっとう　やふじ　はちとう　やつふじ　やっとう
八鎌　やかま
八濱　はちはま
八瀬　やせ
八懸　やけん　やかけ
八籏　やはた
八衢　やちまた
久八　くはち
山八　やまはち
仁八　じんばち
古八　こばち

平八	ひらはち
矢八	やはち
北八	きたはち
合八	ごうや
庄八	しょうはち
佐八	さはち
和八	わはち
神八	かみはち
昼八	ひるはち
高八	こうはち
倉八	くらはち
竜八	りゅうはち
兼八	かねはち
晝八	ひるはち
堰八	せきはち
塚八	つかはち
新八	しんぱち
権八	ごんぱち　ごんはち
龍八	りゅうはち
藤八	とうはち

【九】

九一	くいち
九十	くと　くじゅう
九九	くく　つくも
九々	くく
九川	くかわ
九山	くやま
九内	くない
九日	くにち
九反	くそり
九井	ここのい
九手	くて
九木	くき
九戸	くのへ　ここのへ
九目	くめ
九本	くもと
九田	くた
九玉	くたま
九平	くひら
九矢	くや
九石	さざらしい　さざらし

くいし　くさらし　さらし　さざれいし　ささいし　ささらし
九合　くごう
九同　くどう
九会　くえ
九谷　くだに　くたに
九里　くさと　くり　くのり
九尾　つづらお　くのお　くび
九町　くまち
九折　くおり　つづら
九沢　くさわ
九我　くが
九村　くむら

九角　くすみ
九良　くら
九条　くじょう
九岡　くおか
九門　くもん　くかど
九坪　くつぼ
九法　くのり
九重　ここのえ
九保　くぼ
九星　くせい
九面　ここづら
九城　くじょう
九後　くご
九乗　くじょう

九郎　くらき
九厘　くり
九原　くはら
九島　くしま
九栗　くくり
九鬼　くき
九海　くみ
九家　くけ
九浦　くうら
九倭　いちじき　いちとか
九軒　くけん　くのき
九盛　くのれ
九冨　くとみ
九野　くの

九猪	くい
九郷	くごう
九笹	くささ
九貫	くぬぎ
九賀	くが
九富	くとみ
九喜	くき
九楽	くらく
九豊	きゅうほう
九嶋	くしま
九翟	くよう
九穂	くぼ
九頭	くとう
九澤	くさわ
九螺	くるい
九藤	くとう　くどう　きふじ
九曜	くよう
九蘭	くらん
高九	たかく
源九	げんく
藤九	とうきゅう　ふじく　とうく

【十】

十一	じゅういち　といち　よしひろ　とかず
十二	じゅうに　とに　つづ
十七	としち　とな
十八	とわ　とや
十九	とく　つづら　つづ　さだえ
十川	そごう　そご　そが　とがわ　つじかわ
十三	じゅうさん　とみ　じゅうそう
十丸	とまる　とおまる
十万	じゅうまん　とま　そまん
十山	とやま
十五	じゅうご　とごう
十中	じゅうなか

十木	ととき
十六	いざ
十田	じゅうだ　とだ
十代	じゅうだい　とだい
十市	とおち　といち　とうち
十本	ともと
十石	といし
十玉	とぎょく
十束	とそく
十合	そごう　とおごう
十名	とな
十朱	とあけ　とわき　とかけ　とわけ
十字	つじ　じゅうじ
十西	じゅうざい
十谷	とや
十村	とむら
十見	とおみ　じゅうみ
十住	とじゅ
十良	とら
十佐	とさ
十角	とすみ
十束	とつか　とたば
十返	とがえり
十役	とやく
十条	じゅうじょう
十河	そごう　とがわ　そが　じゅうかわ　とかわ　とおごう
十門	どもん
十念	とねん
十枝	とえざ
十和	とわ　じっか
十林	とばやし
十松	つじまつ　とまつ　つちまつ　じゅうまつ
十屋	とや
十南	となん　となみ
十津	となつ
十郎	じゅうろう
十祖	とそ
十島	としま

十倉　そくら　とくら
十時　とどき　どとき　とどろき　とじ
十倍　じゅうばい　とべ
十家　とげ
十亀　じゅうかめ　とがめ　とかめ　そがめ
十菱　とりょう
十野　とや
十部　とおち　とべ
十郷　そごう　とおごう

十鳥　とっとり　ととり　とどり　じゅうとり
十條　じゅうじょう
十都　とそ　そそう
十森　ともり
十場　とば
十萬　とまん
十塚　とつか
十握　とにぎり　とつか
十楚　じゅうそ
十賊　とくさ

十楽　じゅうらく
十嶋　としま
十藤　とふじ　とそう
丸十　まるじゅう
中十　なかじゅう
鬼十　きとお
紋十　もんじゅ
第十　だいじゅう

第四章　「三字」の奇・珍・難・不思議名字

名字に込められたメッセージ

二文字名字と同じように三文字名字も、それぞれの漢字を用いて意味を考えて組み合せて出来上がったもので、一種の「言葉」「メッセージ」として成り立っているようにも思え、敬服し得るケースが数多くあります。

三文字名字では、○和田、伊勢○、富士○などが一般的でしょう。そのなかで、○○口、○○子、○○目、○○城などレアな名字も存在します。特に○○寺の種類の多さには想定外の感があります。国内に存在する数万の寺院、神社、城から考慮すると、また格別に名字の世界の尊さ、ありがたさが想像、理解できます。

それでは、先ず代表的な不思議三文字からご覧ください。

【摩訶不思議な名字】

一二三	うたたね
十八才	さかり
十八娘	ねごろ
十九川	とくがわ
子子子	こねこ
子産坂	こうみさか
小気田	こけた
小鳥遊	たかなし
久祖神	くそかみ
大羽賀	おおばか
千万億	つもる　つもい
五五五	こごもり
五月女	さおとめ
五月日	ごがつひ　さつきび
木目田	きめた
日日日	たそがれ
日野出	ひので
日間賀	ひまか
水流添	つるぞえ
今久留	いまくる
今奈良	いまなら
戸小屋	とこや
不死原	ふじわら
内匠屋	たくみや
井谷田	いやだ
田部田	たべた
世界一	せかいいち
左右加	そうか
左右田	そうだ
以呂免	いろめ
四十物	よそもの　あいもの
加田木	かたき
仲与志	なかよし
江久保	えくぼ
伊羅内	いらない
谷谷谷	やにかべ
法領田	ほれた
放奈良	おなら
阿知良	あちら
阿孫古	あそこ
美田野	みたの

美多賀　みたか
盆子原　いちごはら
南之園　なんのその
南蛇井　なんじゃい
神太麻　こだま
神細工　かみざいく
星久内　ほしくない
栗花落　つゆいり　つゆり
殺陣屋　たてし
野々尻　ののしり
野曽木　のぞき
桶土井　ひどい
飯酒盃　ばんしゃく
御手洗　みたらい
御返事　ごへんじ
新土井　しんどい

【数字のみ】（数字順）

一二三　ひふみ　うたたね　ひおみ　ひほみ　かずふみ　いじみ　うたかね
二十一　にそいち
二十二　にじゅうに　にそじ　しそじ　じそじ　じそに
二十三　にそみ
二十六　にそろく
二十八　つちや　にとや　つづや
二十九　ひずめ
二三四　ふみし
三八九　さんやく　さばく
三九二　みくに
四十八　よそや　あいや
四十九　よとく　よそく　しじゅうく
五五五　ごこもり
七五三　しめ　しちごさん　なごみ　しめかみ　しのしめ　なごめ　しめかけ
七五八　なごや

七七五　みつつき　みつわた
八十八　やそはち　やそや
九十三　くつみ
九十九　つくも　つづら　くじゅうく　くしふく

【奇・珍・難・不思議関連】

一九百　つづお
一十林　いちじゅうばやし
一寸木　ちょっき　よせぎ　ますぎ　ちょうぎ　まつき　すすき　ますき
一ッ木　ひとつき
一ッ石　ひとついし
一ッ町　ひとつまち
一文字　いちもんじ
一月宮　みのり
一本嶋　いっぽんじま
一住連　いちのしめ
一法師　いちほうし
一盃森　いっぱいもり
一富士　たなべ
一鍬田　いちくわた
二十山　はたちやま
二十歩　にじっぽ　にじゅうぶ
二ッ山　ふたつやま
二ッ木　ふたつき
二子石　ふたこいし
二日一　ふつかいち
二四岡　にしおか
二合半　こなから
二連休　にれんやすみ
二階蔵　にかいぞう
七加家　なかまど
八乙女　やおとめ
八七橋　やなはし
八十歩　やそほ
八文字　はちもんじ
八日囿　ようかぞの
八百屋　やおや
八尾谷　やおや
八朔日　ほずみ

八頭司　やとうじ
九十歩　つくほ　くじゅうぶ
九社前　くじゃまえ
九首見　くすみ
九郎座　くろうざ
十二仏　おちふるい
十二町　じゅうにちょう
十七女　となめ
十七里　となり
七七夜　かのう　かなき
十八女　さかり
十八才　さかり
十八町　さかりまち
十八娘　ねごろ　さかり

十九百　つづお
十五夜　もちづき
十六女　さかり
十六沢　さかり
十佐近　じゅうさこん
入米蔵　いりめくら
乃呂志　のろし
千僧供　せんぞく
大人形　おおひとかた
大工谷　だいくや
大工廻　たくえ　たくじゃく
大文字　だいもんじ
大名主　おおめし
大行司　おおぎょうじ

大見謝　おおみじゃ
大努師　おおどし　おおぬし
大城戸　おおしろと
大神主　おおかんぬし
大音師　おおとし　おおしんし
大宮司　おおぐうじ
大蜘蛛　おおくも
大養徳　おおやまと
大儀見　おおぎみ
上太陽　かみたいよう
上水流　かみする
上休場　かみきゅうば
上拾石　うえじっこく
上茶屋　かみちゃや

上神殿	かみこうどの
三ッ巴	みつどもえ
三十日	みとおか
三々賀	さざんか
三丁目	さんちょうめ
三日月	みかつき
三分一	さんぶいち
三文字	さんもじ　みもじ
三田地	みたじ
三那三	みなみ
三歩一	みぶいち　さんぶいち
三都主	さんとす
工楽持	くらもち
子産坂	こうみざか
川端下	かわはげ
山之腰	やまのこし
山士家	やましげ
山茶花	さざんか
山罌粟	やまけし
干鰯谷	ほしかや
久礼田	くれた
久佐訳	くさわけ
久禮田	くれた
土器屋	どきや
土器薗	どきぞの
口ノ町	くちのまち
才無左	さいむさ
女夫池	めおといけ
女鹿田	めかた
女鹿館	めがたて
小手森	おてもり
小気田	こけた　おけた
小団扇	こうちわ
小呂館	おろだて
小浮気	こうき
小時田	おときた
小料里	こりょうり
小細工	こざいく
小無田	こむた
小勝負	こしょうぶ
小間物	こまもの
小墾田	おわりだ

寸八分　かまつか
下り藤　さがりふじ
下夕村　したむら
下豊留　しもふる
下駄場　げたば
木ノ根　きのね
木太久　きたく
木目田　きめた
木皿儀　きさらぎ
木佐一　きさいち
木佐木　きさき
木者老　きしゃおい
木歩士　きぶし
木和面　きわめ

木都老　きどころ　きどろ
木綿谷　もめんや
日ノ本　ひのもと
日の出　ひので
日之出　ひので
日日日　たそがれ　ひびか
日本松　にほんまつ
日雨孫　ひうまご　ひうぞん
日留間　ひるま
日間賀　ひまか
日登利　ひとり
日照田　ひてりだ
天竺桂　たぶのき
戸小屋　とこや

戸子台　としだい
戸井詰　といつめ
戸中井　となかい
火ノ川　ひのかわ
犬馬場　いぬばば
犬養部　いぬかいべ
水圧器　みやじ
水流園　つるぞの
水清水　みずしみず
水無川　みながわ
牛保毛　うしぼけ
牛黄耆　うしおうぎ
斗巍下　とぎした　ときした
六十里　ついひじ

六人部	むとべ
六ヶ所	ろっかしょ
六分一	ろくぶいち
六楽内	むらうち
円満字	えんまんじ
今久留	いまくる
今毛人	いまえびす
今玉利	いまたまり
今奈良	いまなら
今帰人	なきじん　なきにん　いまきじん
今帰仁	なきじん
今喜多	いまきた
今給黎	いまきれい　いまきゅうれ
手呂内	てのうち
手取屋	てどりや
手薄加	てばか
月見山	やまなし
月見里	やまなし　やまし　すだち　つきみさと
月夜里	やました
月夜星	やました
文字山	もんじやま
不可三	ふかみ
不死川	しなずかわ
不死原	しなずはら　ふしはら　ふじわら　ふじはら
不来方	こずかた　ふじかた　こじかた
廿九日	ひずめ
廿六本	とどろき
中水流	なかずる
中牛馬	なかごめ
中仙道	なかせんどう
中虫壁	なかむしかべ
中高下	なかこうげ
中隠居	なかいんきょ
五十部	よべ
五代儀	ごだいご　ごしろぎ
五百蔵	いおろい
五老海	いさみ　ごろうかみ

五歩一	ごぶいち
五歩市	ごぶいち
五郎畑	ごろうはた
无邪志	むさし
卍山下	きんざんか
井戸端	いどばた
井伊谷	いいのや　いいや
井谷田	いやだ
井無田	いむだ
孔生部	あなほべ
父母石	ふぼいし
夫婦木	めおとぎ　ふふき　みょうとぎ
比留間	ひるま
内枦保	うちへぼ
内音坊	うちねぼう　うちおんぼう
内馬場	うちばば
内間木	うちまき
内櫨保	うちへぼ
少女遊	たかなら
尺二寸	かまのえ
欠ノ下	かけのした
化粧屋	けしょうや
公仁江	くにえ
甲作客	まろうど
甲斐切	かいぎり
白水郎	あま
田辺田	たべた
田舎片	いなかがた
田部田	たべた
田部多	たべた
田智花	たちばな
本因坊	ほんいんぼう
世界一	せかいいち
以呂免	いろめ
以後崎	いごさき
他力野	たりきや
奴久妻	ぬくづま
生城山	ふきの
生悦住	いけずみ
左右加	そうか

左右田	そうだ	
古道谷	こどや	
石手洗	いしてあらい	
石徹白	いとしろ	
尻無浜	しなしはま	
矢普留	やぶる	
矢篦原	やのはら	
出ッ所	でっしょ	
出久地	でくち	
出木田	できた	
出来田	できた	
出来留	できる	
出見世	でみせ	
氷賀美	ひがみ	
氷軽馬	ひかま	
四十住	よそずみ	あいずみ
四十物	よそもの	あいもの
四十願	よそけた	
四ッ車	よつぐるま	
四女野	しめの	
四月咲	つぼみ	
四分一	しぶいち	
四歩一	しぶいち	
四間丁	しけんちょう	
目々沢	めめざわ	
目地前	めじまえ	
目取真	めとるま	
目賀田	めがた	
加々爪	かがつめ	
加田木	かたき	
加多木	かたき	
加老戸	かろうと	
加賀爪	かがつめ	
加籠六	かろむ	
可愛川	えのかわ	
兄弟坊	このこんぼう	
弘原海	わだつみ	
凹凸舎	おうとつしゃ	
母ヶ野	ほかの	
母子里	もしり	
母止理	もしり	
正親町	おおぎまち	

庁鼻和	こばはな
皮籠石	かわごいし
矢櫃免	やきめん
未来社	みらいしゃ
未曾有	みぞう
辺土名	へんどな
辺野古	へのこ
米田満	めだま
百女木	とどめき
百舌鳥	もず
百足山	むかでやま
百面相	どうめき
行司谷	ぎょうじだに
行行杙	おどろ

仲大底	なかおおぞこ
仲与志	なかよし
仲村柄	なかんだかり
当時盛	とうじもり
有為楠	ういなん　ういっくす
有馬殿	ありまでん
羽二生	はにゅう
羽者家	はじゃけ
安座名	あざな
安慶田	あげた
安慶名	あげな
合羽井	かっぱい
合佐毘	あいさび
江六前	えろくまえ

江頭多	まさる
当別当	とうべっとう
灰玉平	はいたまだいら
団子山	だんごやま
団子石	だんごいし
多母髪	たもがみ
多品治	おつむじ
多部田	たべた
多邊田	たべた
多檞後	たしゅうご
宇和佐	うわさ
宇陀酒	うだしゅ
宇津呂	うつろ
宇都呂	うつろ

宇曽谷　うそや
宇野女　うのめ
宇賀居　うがい
宇賀持　うがもち
西ノ首　にしのくび
西大音　にしもりない
西佐川　にしさこ
西泥部　かわちの　はずかしべ
西風館　ならいだて
西隠居　にしいんきょ
伊大地　いおち
伊久良　いくら
伊夫気　いぶき
伊夫貴　いぶき

伊礼門　いれいじょう
伊加賀　いかが
伊自良　いじら
伊伊國　いいくに
伊佐坂　いささか
伊良皆　いらみな
伊谷野　いやの
伊呂波　いろは
伊何我　いかが
伊垢離　いごり
伊故海　いこみ
伊香賀　いかが　いこうが
伊彌頭　いやと
寺神戸　てらかど

回り道　まわりみち
衣裴井　いはい
任都栗　にんとくり
名胡爺　なごや
杓子屋　しゃくしや
伽羅谷　きゃらや
助飛羅　すけひら
佐夜部　さやべ
佐曽利　さそり
住母家　すもげ
花車屋　だらお
花鳥賊　はないか
豆腐谷　とうふや
冷清水　ひやしみず

武如古	かねこ
壱丁田	いっちょうだ
壱ッ石	ひとついし
社宮司	しゃぐうじ
足袋技	たびぬぎ
足痛山	やまじやま
来女木	きめき
来海売	きみうり
沙魚川	はせがわ
芳師渡	はしと
男女川	おなのがわ
男女島	おめじま
谷谷谷	やにかべ　やつや
角力山	すもうやま
志宇知	しうち
志豆機	しずはた　しずき
志禮田	しれた
初音家	はつねけ
那我性	なかせ
君ヶ袋	きみがふくろ
位田偉	いたい
見ル野	みるの
見田根	みたね
見立屋	みたてや
見世田	みせた
見児四	みこし
赤見内	あかみない
赤祖父	あかそふ
赤染部	あかべ
赤狩山	あかがりやま
尾之首	おのくび
尾久葉	おくば
売豆紀	あずき　あずき
似虎谷	ねこや
忍海手	おしみて
忍海辺	おしんべ
車無田	しゃむた
亜武巣	あむす
那婆理	なばり
形木原	かたきはら
貝方士	かいほうし
尉斗	おいと

東川平	あがりかわひら
東小浜	ありこはま
東父岡	あじおか
東西田	とじた
東風平	こちんだ
東風浦	こちうら
東海大	しょうじだい
明日山	あすやま
明日見	あすみ
明日海	あすみ
明保能	あけぼの
明保野	あけぼの
法化図	ほけつ
法師人	ほうしど
法華津	ほけつ
法領田	ほれた
肥留間	ひるま
治部袋	じんぼ
味噌山	みそやま
味噌井	みそい
味噌作	みそさく
昆布屋	こんぶや
金物谷	かなものや
金阿弥	かなあみ
長行司	ながぎょうじ
松日楽	まつひら
所神根	しょしね
兎子尾	としお
兎耳山	とみやま
所所木	そそき
板井田	いたいた
河合屋	かわいや
岩男智	いわおち
岩知道	いわちどう
奈女田	なめた
奈発私	なきし
奈流芳	なるか
奈氣私	なきし
和布刈	めかり
和布浦	めうら
和良品	わらしな
和珥部	わにべ

和歌月	わかつき
茂木立	もぎたて
茂呂居	もろい
注連内	しめない　しめのうち
舎利井	とどろき
舎利仏	とどろき
舎利弗	とどろき
泊橿部	はつかしべ
国ノ十	くにのじゅう
居組谷	いそたに
放奈良	おなら
阿天坊	あてんぼう
阿佐慶	あさげ
阿波連	あばれん
阿波賀	あばか
阿知良	あちら
阿知羅	あちら
阿孫古	あそこ
阿麻橘	おおきつ
雨下石	しずくいし
雨甲斐	あまがい
雨類鷲	うるわし
妻鹿田	めかた
物果女	ものかめ
物集女	もずめ
虎小路	こごろ
直尻家	なおしりのいえ
歩行田	かちた
奄智蘰	あんちまん
泥目下	どうめき
狗尸羅	くじら
注連縄	しめなわ
刺領巾	さしひれ
押領司	うりょうじ
奉日本	たかもと
附馬牛	つきもうし
津軽石	つがるいし
神子上	みこがみ
神々智	みみち
神戸中	みとなか
神宮司	じんぐうじ
神夏磯	かみがそ

昆舎利	びしゃり　ぴしゃり
神麻績	かむおみ
神無月	かんなづき
神楽師	かことし
神路祇	こうろぎ
美田野	みたの
美多賀	みたか
美妙水	しみず
美留町	みるまち
保楊枝	ほようじ
柿宇土	かきうど
垣外中	かいとなか
洞田貫	どうたぬき
屋宜宜	やきき
屋根内	やねうち
茶碗谷	ちゃわんや
南風立	はえだて
南風盛	はえもり
怒借屋	ぬかりや
怒留湯	ぬるゆ
祖父尼	そぶに
音信川	おとずれかわ
音喜多	おときた
便利屋	たよりや
後呂岡	うしろおか
後冨底	ごぶそこ
紀酒人	きしゅじん
臥龍岡	ながおか
皇子代	みこしろ
皇至道	すめらぎ
軍多利	ぐんだり
星久内	ほしくない
砂糖元	さともと
独活山	うどやま
指物谷	さしものや
玻座真	はざま
盆子原	いちはら
垪賀井	はかい
思坊田	しぼうだ
屏之内	へいのうち
根小屋	ねこや
根古林	ねこばやし

根布長　ねぶちょう
根津帰　ねつき
海士部　あまべ
海犬甘　あまいぬかん
海老鼻　えびはな
海猫沢　うみねこさわ
海勢頭　うみせと
宮野首　みやのくび
宮野鼻　みやのはな
栗花落　つゆいり　つゆり　はりか
栗花墜　つゆおち　つゆ
栗落洛　つゆ
馬久地　ばくち　めくち
馬欠場　うまかけば
馬場糞　ばばくそ
馬酔木　あせび　あしび
恵飛須　えびす
眞酒谷　まさかや
神宮司　じんぐうじ
峨家下　がけした
株屋敷　かぶやしき
倭鍛師　やまとのたんし
財布屋　さいふや
桧物谷　ひものや
家護谷　かごや
帯刀田　おびた
唐仁原　とうじんばら
将基面　しょうぎめん
流鏑馬　やぶさめ
笑可内　おかしない
料理谷　りょうりや
時子山　とこやま
害人部　しれひとべ
記名草　きなくさ
娘茶屋　むすめぢゃや
高八卦　たかはっけ
高乗馬　こうじょうま
高閑者　たかがわ
殺陣屋　たてし
倶戸羅　くじら
真艸嶺　まどれ

真早流	まさる
真神田	まかだ
荻無理	おぎむり
鬼毛成	とりなり
素盞雄	すさのお
姫子松	ひめこまつ
射号津	しゃごつ
曽呂里	そろり
曽呂利	そろり
曽路里	そろり
曽路利	そろり
清飛羅	きよはら
船大工	ふなだいく
紺一句	こんいっく
黒武者	くろむしゃ
黒葛原	つづらはら
野々尻	ののしり
野及位	のぞき
野老山	ところやま
野馬鹿	のましか
野曽木	のぞき
野路井	のろい
菓子井	かしい
菓子谷	かしや
菓子野	かしの
麻文仁	まぶに
國背穴	こせけつ
細川私	ほそかわし
勘米良	かめら
勘解由	かげゆ
淡路凡	あわじぼん
桶土井	ひどい
亀頭迫	きとざこ
救仁郷	くにごう
魚生川	すげがわ
密柑山	みかんやま
椛木野	もみじきの
得可主	えびす　えびしゅ
袋小路	ふくろこうじ
寄生木	やどりぎ
産婦木	うぶめき
鹿紫雲	かしも

猪甘部　いかいべ
問註所　もんちゅうじょ
盛小根　もりこね
葡萄原　ぶどうはら
喜文字　きもじ
喜屋武　きゃん
喜熨斗　きのし
勝負原　しょうぶさわ
賀井楽　かいらく
賀籠六　かごろく
無地名　むしな
無垢品　むくしな
無着下　むちゃっか
無漏田　むろた

曾呂川　そろり
飯酒盃　ばんしゃく　いさはい
葉加瀬　はかせ
奥休場　おくば　おくやすば
貴登羅　きとら
番匠谷　ばんじょうや
富士山　ふじやま
間佐古　まさこ
歯朶尾　しだお
御子貝　みこがい
御子柴　みこし
御手洗　みたらい
御返事　ごへんじ
御前田　おまえだ

御厩敷　おんまやしき
御殿谷　おでんや
御霊谷　みくりや
御厨屋　みくりや
御楽袋　みない
御簾納　みすの
惣上分　そうじょうぶん
越掛沢　こしかけざわ
越裏門　えりもん
越喜来　おっきらい
越懸沢　こしかけざわ
満足野　まんぞくや
等々力　とどろき
落栗花　ついり　つゆり

雄賀多	おかだ　おがた
裏隠居	うらいんきょ
焔硝岩	えんしょういわ
極楽地	ごくらくじ
朝武士	あさぶし
遊里道	ゆりみち
道祖土	ふなど
景勝海	ほつみ
雲丹亀	うにがめ
雲類鷲	うるわし
遍々古	べべこ
萬力屋	まんりきや
買手屋	かてや
善知鳥	うとう
普天間	ふてんま
椋椅部	くらはしべ
新土井	しんどい
新土居	しんどい
新歩一	にほんいち　しぶいち　しんぷいち
新宮司	しんぐうじ
鉄穴森	かんなもり　かなもり
鉄炮塚	てっぽうづか
鉄砲塚	てっぽうづか
鈴々木	すずき
遠峯谷	こだま
遠閑田	おかだ
煙草屋	たばこや
勢見月	せみづき
勢理客	じっちゃく　せりきゃく
殿ヶ下	とのがした
源五郎	げんごろう
源甲斐	げんかい
墓地岩	ぼちいわ
墓谷内	はかやち
墓志岩	ぼしいわ
誉士太	よしだ
節句田	せっくでん
楽々熊	ささくま
肆手盛	してもり
愛久沢	あくざわ

颯々野	さっさの
嘉無木	かむき
嘉伏兎	かぶと
嘉者熊	かしゃぐま
端慶山	はげやま
緒良中	おらなか
翠簾野	みすの
読谷山	ゆんたんざ
養父内	やぶうち
碑文谷	ひもんや
稲妻地	いなづまち
稲野地	いのち
熊取谷	いすたに　くまとりや
駄賃場	だちんば
蝶名林	ちょうなばやし
影沼津	かげぬまづ
蕎麦谷	そばや
談議所	だんぎしょ
熨斗谷	のしたに
駕篭島	かごしま
樒柑山	みかんやま
鞍津輪	くらつわ
橋之爪	はしのつめ
髭右近	ひげうこん
髭男爵	ひげだんしゃく
樽美酒	たるみしゅ
燕昇司	つばくろしょうじ　えんしょうじ
閼伽井	あかい
機織部	はたおりべ
親富祖	おやふそ
講呂下	こうろぎ
繁在家	はんざいけ
鞠子谷	まりこや
鏑流馬	やぶさめ
鵜久森	うぐもり　うくもり
鵜丹谷	うにや
鵜足津	うそつ
職舗野	しきの
麗明佐	れいめいさ
藺牟田	いむた
瀬月内	せつない

鏑流馬　やぶさめ
護广迫　ごまさこ
寶満心　ほうましん
鶏冠井　かえで
躑躅森　つつじもり
鯽魚戸　ふなど
鷲野谷　わしのや
廰鼻和　ちょうはなわ
鷹左右　たかそう
鷹尾伏　たかおふし
鑵三内　かねん
鼈甲屋　べっこうや

【〇〇口】

一ノ口　いちのくち
一の口　いちのくち
二ノ口　にのくち
八重口　やえくち　やえぐち
八津口　やつくち
三ノ口　みのくち
三ッ口　みつくち
三山口　みやまぐち
三戸口　みとくち
三河口　みかわくち
千田口　せんだぐち
千沢口　ちさわくち
千澤口　ちざわぐち

大川口　おおかわぐち
大山口　おおやまぐち
大戸口　おおとぐち
大田口　おおたぐち
大竹口　おおたけぐち
大沢口　おおさわぐち
大我口　おおがくち
大道口　だいどうぐち
上り口　あがりぐち
上山口　かみやまぐち
上水口　かみみずくち
上出口　かみでくち
上原口　かみはらぐち
上潟口　かみかたくち

上瀬口　かみせぐち
川ノ口　かわのくち
川戸口　かわとぐち
川原口　かわはらくち
女鹿口　めかくち　めかぐち
土手口　どてくち
土井口　どいぐち
土肥口　とひくち
子母口　しぼくち
山ノ口　やまのくち
山之口　やまのくち
下原口　しもはらくち
下宿口　しもやどぐち
久我口　くがくち

久住口　くろす
久保口　くぼくち
久根口　くねぐち
小川口　おがわぐち
小ヶ口　おかくち
小井口　こいくち
小手口　こでくち
小田口　おだぐち
小谷口　おやぐち
小沢口　おざわぐち
小尾口　こおくち
小和口　こわぐち
小門口　こもんぐち　こかどぐち

小屋口　おやくち
小根口　おねぐち
小野口　おのぐち
小間口　こまくち
小路口　しょうじぐち　こじくち
小橋口　こばしくち
己之口　みのくち　みのかみ
巳之口　みのくち
木ノ口　きのくち
木戸口　きとぐち
木野口　きのぐち
日名口　ひなくち
日野口　ひのくち

戸井口	といぐち
戸野口	とのくち
水戸口	みとくち
水名口	みなぐち
水野口	みずのくち
水無口	みなぐち
水鶏口	くいなぐち
火ノ口	ひのくち
文山口	もんやまぐち
太田口	おおたぐち
六間口	むまぐち
太岐口	たきぐち
丹羽口	にわぐち
内川口	うちかわぐち
中出口	なかでぐち
井ノ口	いのくち
井の口	いのくち
井之口	いのくち
井手口	いでくち
井戸口	いとくち
井出口	いでくち
井根口	いねぐち
井野口	いのぐち
井樋口	いひぐち
田ノ口	たのくち
田之口	たのくち
田原口	たはらぐち
田野口	たのぐち
生水口	しょうずぐち
外戸口	そとぐち　けどぐち
	けとぐち
平手口	ひらてぐち
世戸口	せとぐち
世古口	せこぐち
永井口	ながいくち
石原口	いしはらぐち
由手口	ゆてぐち
打ヶ口	うちがくち
左右口	くばぐち
右左口	うばぐち
北之口	きたのぐち
北野口	きたのぐち

北湯口	きたゆぐち
北樋口	きたひぐち
矢ノ口	やのくち
矢内口	やなくち
矢野口	やのくち
出ノ口	でのくち
出手口	いでくち
出田口	でたくち
古田口	こだくち
古和口	こわぐち
古肥口	こひぐち
古路口	ころくち
四津口	しづくち
四野口	しのくち
用水口	ようすいくち
合田口	ごうたぐち
合野口	あいのぐち
牟田口	むたぐち
米内口	よないくち
先田口	せんだくち
寺沢口	てらさわくち
向山口	むこうやまぐち
早水口	そみぐち
江之口	えのくち
江利口	えりぐち
江里口	えりぐち
江理口	えりぐち
江野口	えのぐち
年見口	としみぐち
宇戸口	うとくち
宇都口	うつぐち　うとぐち
西江口	にしえぐち
西門口	にしかどぐち
西原口	にしはらぐち
西道口	さいどうぐち
伊手口	いてぐち
伊出口	いでくち
伊西口	いさぐち
伊野口	いのくち
両井口	もろいぐち
佐々口	ささぐち
佐戸口	さとくち

佐古口	さこぐち
佐保口	さぼくち
谷ノ口	たにのくち
谷之口	たにのくち
谷内口	やないくち
志水口	しみずくち
志賀口	しがくち
那須口	なすくち
尾ノ口	おのくち
尾之口	おのくち
尾ヶ口	おかくち
尾葉口	おばくち
辰ノ口	たつのくち
東谷口	ひがしたにぐち
東門口	ひがしかどぐち　あがりじょうぐち
東原口	ひがしはらぐち
居弥口	いやくち
門之口	かどのくち
知里口	ちりくち
長谷口	はせぐち
牧之口	まきのくち
河之口	かわのくち
波戸口	はとぐち
松葉口	まつばぐち
岩穴口	いわけっこう　いわあなぐち
岩屋口	いわやくち
奈良口	ならくち
和田口	わだぐち
阿多口	あたぐち
府久口	ふくろ
茂浦口	もうらぐち
表紙口	ひょうしぐち
直作口	まさくぐち　にくなり
泡原口	あわはらぐち
宕穴口	とうけつこう
津内口	つなぐち　つないぐち
津軽口	つがるくち
城ノ口	しろのくち
城戸口	しろとぐち
城野口	しろのぐち

神ノ口	かみのくち
神之口	かみのくち
保木口	ほぎくち
保気口	ほきくち
美之口	みのくち
美名口	みなぐち
美濃口	みのくち
洞ノ口	どうのくち
砂古口	まさごぐち　さこぐち
真ヶ口	まがくち　まかぐち
真賀口	まかくち
海老口	えびくち
海野口	うのぐち
原田口	はらだくち
馬場口	ばばぐち
馬瀬口	ませぐち
高之口	たかのくち
家根口	かねくち
眞ヶ口	まかくち
堀ノ口	ほりのくち
堀之口	ほりのくち
清水口	しみずぐち
笹野口	ささのくち
野々口	ののぐち
野田口	のだぐち
野間口	のまぐち
堂ノ口	どうのくち
鳥井口	とりいくち
猪ノ口	いのくち
猪之口	いのくち
深沢口	ふかさわくち
淡佐口	あさくち
問屋口	といやくち　まやぐち
喜多口	きたぐち
登り口	のぼりぐち
登之口	のぼりぐち
登木口	ときぐち
湯ノ口	ゆのくち
湯之口	ゆのくち
湯出口	ゆでくち
湯屋口	ゆやくち
渡井口	といくち

間之口　まのくち
間屋口　まやぐち
間瀬口　ませくち
嵯峨口　さがぐち
森利口　もりくち
粟田口　あわたぐち
鉄穴口　てっけつこう
獅子口　ししくち
溝ノ口　みぞのくち
勢古口　せこくち
塘之口　とうのくち
障子口　しょうじくち
樋ノ口　ひのくち
樋之口　ひのぐち
漢山口　あやまぐち
橋ノ口　はしのくち
橋之口　はしのくち
鍛冶口　かじぐち
鮫ノ口　さめのくち
鵜ノ口　うのくち
鵜戸口　うとくち
藤井口　ふじいくち
藤間口　ふじまぐち
瀬ノ口　せのくち
瀬之口　せのくち
瀬戸口　せとぐち
瀬古口　せこぐち
瀧ノ口　たきのくち
獺ヶ口　おそがくち

【〇〇子】

一ッ子　ひとつこ
七釜子　ななかまこ
八分子　はふし　ほうじ
大辻子　おおつじこ
大図子　おおずし
上原子　かみはらし
川中子　かわなかし
川名子　かわなこ
川那子　かわなし
川奈子　かわなし
川原子　かわはらこ

子子子	こねこ
子俣子	こまたご
山奈子	やまななし
山瓶子	やまちょうじ
山梨子	やまなし
久米子	くめこ
小図子	こずし
小国子	おこくし
小神子	こかんし
小砂子	こすなご
小障子	こしょうじ
木呂子	きろこ
木坊子	きぼし
木柑子	きこうし
木欒子	もくろじ
日名子	ひなこ
戸屋子	とやご
水心子	すいしんし
水梨子	みなし
毛防子	けぼうし
太井子	たいこ
中ノ子	なかのこ
中王子	なかおおじ　なかおうじ
中野子	なかのこ
中瓶子	ちゅうへいし
中障子	なかしょうじ
五十川	いそかわ
五十子	いそこ
五太子	ごたいし
井佐子	いさこ
少名子	たかなし
田苅子	たかりこ
白拍子	しろしょうじ　しらびょうし
正源子	しょうげんじ
可児子	かじこ
可兒子	かじこ
右ノ子	うのこ
玉居子	たまいし　たまいこ
古ノ子	このこ
古田子	こたこ

古世子　こせこ
古神子　こしんこ　こかど
四童子　しどうじ
加藤子　かとうご
穴津子　あなつこ
池之子　いけのこ
安孫子　あびこ
安養子　あんようじ
仲丸子　なかまるこ
竹ノ子　たけのこ
竹の子　たけのこ
江名子　えなご
江釣子　えづりこ
西梨子　にしなし

伊皿子　いんべいす
伊良子　いらこ
伊羅子　いらご
佐井子　さいこ
我孫子　あびこ
沖名子　おきなこ
吾孫子　あびこ
乱獅子　らんじし
若王子　わかおうじ　にゃくおうじ
若神子　わかしんし
若御子　わかみこ
阿此子　あびこ
阿田子　あたご

津布子　つぶこ
津麻子　つぶこ
草野子　くさのこ
神応子　かんおうじ
真名子　まなご
真利子　まりこ
真那子　まなこ
真奈子　まなこ
真理子　まりこ
真藤子　まとうし　まふじこ
唐梨子　からなし
海老子　えびす
高実子　たかじつこ　たかじっこ

高砂子　たかすご
高野子　たかのし
高梨子　たかなし
高實子　たかみこ
家才子　かさいし
烏帽子　えぼし
眞名子　まなこ
眞利子　まりこ
眞藤子　まふじこ
案山子　かかし
笹目子　ささめし
野津子　のつこ
黒羽子　くろはし
黒厚子　くろあつし
渋利子　しぶりこ
渋梨子　しぶりこ
勝文子　しょうぶんこ
間利子　まりこ
新家子　しんけし　しんやこ
鈴里子　すずきね
算用子　さんようし
鴇ノ子　とうのこ
横障子　よこしょうじ

【〇〇丸】

一郎丸　いちろうまる
二ノ丸　にのまる
二の丸　にのまる
二郎丸　じろうまる
七郎丸　しちろうまる
八反丸　はったんまる
八郎丸　はちろうまる
八藤丸　やとうまる
九郎丸　くろうまる
九鬼丸　くきまる
三ノ丸　さんのまる
三宅丸　みやけまる
三良丸　さぶろうまる
三郎丸　さぶろうまる
三家丸　みけまる
三艆丸　さぶろうまる
千代丸　ちよまる

千知丸	ちぢまる
千寺丸	せんじまる
千財丸	せんざいまる
大豆丸	あずきまる
大鷹丸	おおたかまる
川内丸	かわうちまる
土井丸	どいまる
山王丸	さんのうまる
小犬丸	こいまる　こいぬまる
小役丸	こやくまる
小金丸	こがねまる
小路丸	こじまる
日ノ丸	ひのまる
水流丸	つるまる
六郎丸	ろくろうまる
仁久丸	にくまる
今朝丸	けさまる
内之丸	うちのまる
太郎丸	たろうまる
中之丸	なかのまる
中三丸	なかみまる
中臣丸	なかとみまる
五郎丸	ごろうまる
井和丸	いわまる
田中丸	たなかまる
田呂丸	たろまる
田長丸	たながまる　たおさまる　たちょうまる
田郎丸	たろうまる
石王丸	いしおうまる
石動丸	いするぎまる　いしどうまる
矢動丸	やどうまる
古井丸	こいまる
四良丸	しろうまる
四郎丸	しろうまる　あいもの
用之丸	ようのまる
次良丸	じろうまる
次郎丸	じろうまる
先寺丸	せんじまる
安藝丸	あきまる
宇治丸	うじまる

宇野丸	うのまる
西良丸	さらまる
伊在丸	いざいまる
伊豆丸	いずまる
自在丸	じざいまる
貝通丸	かいつまる
弟子丸	でしまる
治久丸	じくまる
治郎丸	じろうまる
宝子丸	ほしまる　ほうしまる
金剛丸	こがねまる
松田丸	まつだまる
和久丸	わくまる
阿世丸	あせまる
脇之丸	わきのまる
脇黒丸	わきくろまる
舩津丸	ふなつまる
船津丸	ふなつまる
堀之丸	ほりのまる
郷之丸	ごうのまる
黒尾丸	くろおまる
袈裟丸	けさまる
飯鶴丸	いかくまる
御堂丸	みどうまる
飼鶴丸	かいつるまる
獅子丸	ししまる
稲堂丸	いなどうまる
稲童丸	いなどうまる
徳王丸	とくおうまる
榎木丸	えのきまる
薬師丸	やくしまる
藤王丸	ふじおうまる
瀬戸丸	せとまる
瀬在丸	せざいまる
寶子丸	ほうしまる

【○○目】

二川目	ふたかわめ
八田目	やため
三丁目	さんちょうめ
三ッ目	みつめ
大立目	おおたちめ　おおだつ

	め
万町目	ひえぬき　まきめ　まんちょうめ
万城目	まんじょうめ　まんじょうのめ　まきめ　ひえぬき
山野目	やまのめ
久土目	くとめ
久次目	くじめ
久志目	くしめ
久保目	くぼめ
小野目	おのめ
木野目	きのめ
日野目	ひのめ
天女目	なばため　なまため
天生目	なばため　なまため
水戸目	みとめ
毛波目	けばめ
中の目	なかのめ
中野目	なかのめ
五十目	いそめ　ごじゅうめ　ごじゅうのめ
五升目	ごますめ
五百目	いおめ　ごひゃくめ
五舛目	ごますめ
五重目	ごじゅうめ
五城目	ごじょうめ
反り目	そりめ
生天目	なまため　なばため
生田目	なまため　なばため
生畑目	なばため
立川目	たちかわめ
矢ノ目	やのめ
矢の目	やのめ
矢野目	やのめ
四ッ目	よつめ
四百目	よもめ
四角目	しかくめ
名畑目	なばため
百鬼目	まだらめ
西野目	にしのめ
佐々目	ささめ

佐久目　さくめ
杉ノ目　すぎのめ
谷ッ目　やつめ
志々目　しじめ
志志目　しじめ
赤羽目　あかばめ
青天目　せいてんめ　なばため
茂津目　もつめ　もづめ
長谷目　はせめ
泉野目　いのめ
浅ノ目　あさのめ
浅野目　あさのめ
祖利目　そりめ
相ノ目　あいのめ

真野目　まのめ
荻野目　おぎのめ
馬場目　ばばめ
眞野目　まのめ
郷野目　ごうのめ
野々目　ののめ
清水目　しみずめ
蛇ノ目　へびのめ
蛇の目　じゃのめ
湯の目　ゆのめ
間野目　まのめ
萬町目　まんちょうめ
萬城目　まんじょうめ　まぎめ　ひえぬき

満城目　まんじょうめ
塚野目　つかのめ
塩野目　しおのめ
新田目　にため
獅子目　ししめ
徳和目　とくわめ
駒野目　こまのめ
鎗野目　やりのめ
鑓野目　やりのめ

【○○寺】
一方寺　いちほうじ
一坊寺　いちぼうじ　いっぽうじ

一峰寺	いちほうじ	
二百寺	にもでら	
八源寺	はちげんじ	やげんじ
八福寺	はちふくじ	やふくじ
八福寺	はちふくじ	
八頭寺	やとうじ	
十貫寺	じっかんじ	
十楽寺	じゅうらくじ	
十蔵寺	じゅうぞうじ	
人形寺	にんぎょうじ	
了徳寺	りょうとくじ	
三ッ寺	みつでら	
三大寺	さんだいじ	
三井寺	みついじ	みいでら
三王寺	さんのうじ	
三田寺	みたじ	
三光寺	さんこうじ	
三品寺	みしなじ	
三寶寺	さんぽうじ	
千光寺	せんこうじ	
千見寺	せんけんじ	
大山寺	たいざんじ	
大正寺	だいしょうじ	
大光寺	だいこうじ	
大休寺	だいきゅうじ	
大役寺	だいやくじ	
大京寺	だいきょうじ	
大宝寺	だいほうじ	
大乗寺	だいじょうじ	
大海寺	だいかいじ	
大道寺	だいどうじ	
大陽寺	たいようじ	
大聖寺	だいしょうじ	
大誠寺	たいせいじ	
大導寺	だいどうじ	
大藤寺	だいとうじ	
大寶寺	だいほうじ	
大覺寺	だいがくじ	
上坊寺	かみぼうじ	じょうほうじ
弓納寺	よなてら	ゆみなてら
万代寺	まんだいじ	

万造寺　まんぞうじ
万願寺　まんがんじ
山王寺　さんのうじ
山田寺　やまだじ　やまだてら
山城寺　さんじょうじ
山野寺　やまのじ
久保寺　くぼてら
小見寺　こみてら　おみてら
小野寺　おのてら
小埜寺　このじ　おのでら
木仏寺　きぶでら
日向寺　ひゅうがでら　ひゅうがじ
日東寺　にっとうじ

天王寺　てんのうじ
天花寺　てんかじ　てんけいじ
天狗寺　てんぐじ　てんぐでら
天現寺　てんげんじ
天徳寺　てんとくじ
戸福寺　とふくじ
水前寺　すいぜんじ
六渡寺　むとでら
仁正寺　にしょうじ
仁和寺　にわでら
今城寺　いまきじ
文珠寺　もんじゅじ
不動寺　ふどうじ
无動寺　むどうじ

円生寺　えんしょうじ
円光寺　えんこうじ
円城寺　えんじょうじ
円能寺　えんのうじ
円道寺　えんどうじ
円福寺　えんぷくじ
太陽寺　たいようじ
中元寺　ちゅうがんじ　ちゅうげんじ
中善寺　ちゅうぜんじ
中願寺　ちゅうがんじ
五雲寺　ごうんじ
生源寺　しょうげんじ
正法寺　しょうほうじ

正光寺　しょうこうじ
正金寺　しょうきんじ
正泉寺　しょうせんじ
正乗寺　しょうじょうじ
正陰寺　しょういんじ
正根寺　しょうこんじ
正源寺　しょうげんじ
正福寺　しょうふくじ
正導寺　しょうどうじ
正蔵寺　しょうぞうじ
正願寺　しょうがんじ　しょうげんじ
世尊寺　よそんじ
甘露寺　かんろじ

本願寺　ほんがんじ
永安寺　えいあんじ
北寒寺　きたかんじ
出雲寺　いずもでら
旦那寺　だんなでら
平安寺　へいあんじ
吉光寺　きっこうじ
吉城寺　きつじょうじ
吉祥寺　きっしょうじ
朱膳寺　しゅぜんじ
先光寺　せんこうじ
光同寺　こうどうじ
光明寺　こうみょうじ
光源寺　こうげんじ

伝法寺　でんぽうじ
伝明寺　でんめいじ
安用寺　あんようじ
安全寺　あんぜんじ
安養寺　あんようじ
仲元寺　なかもとじ
江道寺　えどうじ
江導寺　えどうじ
如法寺　にょほうじ
西大寺　さいだいじ
西元寺　さいげんじ
西光寺　さいこうじ
西林寺　さいりんじ
西明寺　さいみょうじ

西法寺　さいほうじ
西連寺　さいれんじ
西隆寺　さいりゅうじ
西園寺　さいおんじ
西願寺　さいがんじ
伊堂寺　いどうじ
在国寺　ざいこくじ　さいこくじ
在國寺　ざいこくじ
妙光寺　みょうこうじ
妙護寺　みょうごじ
忍頂寺　にんちょうじ
志堂寺　しどうじ
志観寺　しかんじ

尾宗寺　おむねじ
尾野寺　おのでら
東大寺　とうだいじ
東林寺　とうりんじ
東福寺　とうふくじ
東照寺　とうしょうじ
東禅寺　とうぜんじ
東福寺　とうふくじ
斉明寺　さいみょうじ
斉穏寺　さいおんじ
青龍寺　せいりゅうじ
明正寺　みょうしょうじ
明法寺　みょうほうじ
弥勤寺　やきんじ

法伝寺　ほうでんじ
法成寺　ほうせいじ
法住寺　ほうじゅうじ
法性寺　ほうせいじ
法華寺　ほうかじ
法隆寺　ほうりゅうじ
法貴寺　ほうきじ
法道寺　ほうどうじ
国分寺　こくぶんじ
国王寺　こくおうじ
国府寺　こくぶじ
押領寺　おうりょうじ
宝大寺　ほうだいじ
宝蔵寺　ほうぞうじ

昌林寺	しょうりんじ
実相寺	みそうじ　じっそうじ
知見寺	ちけんじ
金光寺	きんこうじ
金剛寺	こがねじ
長久寺	ちょうくじ　ちょうきゅうじ
長峰寺	ちょうほうじ
長源寺	ちょうげんじ
長慶寺	ちょうけいじ
長興寺	ちょうこうじ
長龍寺	ちょうりゅうじ
松向寺	しょうこうじ
松門寺	しょうもんじ
松陰寺	しょういんじ
和山寺	にぎやまでら
阿見寺	あみでら
延寿寺	えんじゅじ
延対寺	えんたいじ
延命寺	えんみょうじ
延壽寺	えんじゅじ
欣救寺	ごんぐじ
祇園寺	ぎおんじ
忠願寺	ちゅうがんじ
圀府寺	こうでら
神向寺	しんこうじ
神応寺	かみおうじ
神宮寺	じんぐうじ
神應寺	かみおうじ
室生寺	むろしょうじ
後口寺	ごこうじ
浄土寺	じょうどじ
浄円寺	じょうえんじ
浄法寺	じょうほうじ
祝言寺	しゅげんじ
相藤寺	あいとうじ
音光寺	おんこうじ
皆尺寺	かいしゃくじ
城光寺	じょうこうじ
専光寺	せんこうじ
威徳寺	いとくじ
蓮花寺	れんげじ

連覚寺	れんかくじ
秦泉寺	じんせんじ
真行寺	しんこうじ
真光寺	しんこうじ
真教寺	しんきょうじ
真龍寺	しんりゅうじ
高山寺	こうやじ
高円寺	こうえんじ
座光寺	ざこうじ
修善寺	しゅぜんじ
晋賢寺	しんげんじ
竜造寺	りゅうぞうじ
清玄寺	せいげんじ
清閑寺	せいかんじ
常光寺	じょうこうじ
常法寺	じょうほうじ
梅林寺	ばいりんじ
斎明寺	さいめいじ
理寛寺	りかんじ
竟泉寺	きょうせんじ
菩提寺	ぼだいじ
道明寺	どうみょうじ
無動寺	むどうじ
最勝寺	さいかつじ　さいしょうじ
普恩寺	ふおんじ
普賢寺	ふげんじ
善如寺	ぜんにょじ
善光寺	ぜんこうじ
善法寺	ぜんほうじ
善能寺	ぜんのうじ
善養寺	ぜんようじ
朝日寺	あさひじ
御田寺	みたじ　みたでら
御領寺	ごりょうじ
萬納寺	まんのうじ
萬造寺	まんぞうじ
萬願寺	まんがんじ
傳法寺	でんぽうじ
開善寺	かいぜんじ
極楽寺	ごくらくじ
景勝寺	けいしょうじ

滋光寺	じこうじ
順教寺	じゅんきょうじ
順徳寺	じゅんとくじ
報恩寺	ほういんじ
超善寺	ちょうぜんじ
新天寺	しんてんじ
新宮寺	しんぐうじ
豊田寺	とよたじ
福王寺	ふくおうじ
福林寺	ふくりんじ
蓬花寺	ほうかじ
蓬覚寺	ほうかくじ
滝田寺	たきだじ
遠城寺	えんじょうじ
園南寺	おんなんじ
園城寺	おんじょうじ
園能寺	おんのうじ
源光寺	げんこうじ
圓光寺	えんこうじ
圓城寺	えんじょうじ
圓能寺	えんのうじ
感王寺	かんのうじ
感応寺	かんのうじ
慈光寺	じこうじ
禅蔵寺	ぜんぞうじ
楞厳寺	りょうげんじ
勧修寺	かんしゅうじ
蓮華寺	れんげじ
嘉福寺	かふくじ
嘉祥寺	かしょうじ
福王寺	ふくおうじ
福林寺	ふくりんじ
徳大寺	とくだいじ
隠明寺	おんみょうじ
摺出寺	すでじ　すりでじ
慶雲寺	けいうんじ
諸徳寺	しょとくじ
横根寺	おうこんじ
輪王寺	りんおうじ
薬王寺	やくおうじ　やこうじ
薬師寺	やくしじ
薬真寺	やくまじ

薬眞寺　やくまじ
龍胆寺　りんどうじ　りゅうだんじ
龍泉寺　りゅうせんじ
龍造寺　りゅうぞうじ
龍現寺　りゅうげんじ
龍増寺　りゅうぞうじ
龍樹寺　りゅうきじ
興正寺　こうしょうじ
諦聴寺　ていちょうじ
彌勤寺　やかんじ
禪林寺　ぜんりんじ
禪藏寺　ぜんぞうじ
観音寺　かんのんじ

観修寺　かんしゅうじ
観興寺　かんこうじ
藤井寺　ふじいでら
藤見寺　ふじみでら
齋明寺　さいみょうじ
齋穏寺　さいおんじ
願成寺　がんじょうじ
願興寺　がんこうじ
勸修寺　かんしゅうじ

【〇〇神】

二ノ神　にのかみ
二ッ神　ふたつかみ
九頭神　くずかみ

十二神　おちぶるい　おっぷるい　おつるい　おつぶるし　おつふい
才ノ神　さいのかみ
才之神　さいのかみ
上ノ神　うえのかみ
上之神　かみのしん
久祖神　くそかみ
久曾神　きゅうそじん
久曽神　きゅうそじん
中ノ神　なかのかみ　なかのじん
田母神　たぼかみ　たもかみ　たもがみ

北上神　きたにわ
石之神　いしのかみ
出雲神　いずもかみ
古井神　こいかみ
四御神　しのごせ
吉小神　よしおか　よしこがみ
吉高神　きっこうじん　きちこうじん
吉備神　きびかみ
牟田神　むたがみ
宇佐神　うさがみ　うさみ
宇津神　うつかみ
宇賀神　うがじん　うかがみ　うがしん
和爾神　わにじん
宗佐神　むさかみ
妻ノ神　つまのかみ
真田神　またかみ
根津神　ねつかみ
御子神　みこがみ
薬師神　やくしがみ　やくしじん　やくしじ
藤ノ神　ふじのかみ

【〇〇城】

二ノ城　にのしろ
二ッ城　ふたつじょう
八百城　やおしろ
大都城　おおとしろ
上小城　かみこしろ
上栄城　かみえぎ
上野城　うえのじょう
与名城　やなしろ
与那城　よなじょう　よなしろ
山ヶ城　やまがしろ
山之城　やまのしろ
山吹城　やまぶき
下小城　しもこしろ
下戸城　しもとき
久武城　くぶしろ　くぶき
天宮城　うぶしろ
公門城　くもんじょう

中小城	なかこじょう
五安城	ごあんじょう　いなぎ
五百城	いおき　いおしろ
甲楽城	かぶらぎ
世名城	せなき　よなしろ
代々城	よよぎ
矢ヶ城	やがしろ
古我城	こがのき
古武城	こぶしろ
四方城	よもしろ
加賀城	かがしろ
兄磯城	えしき
池宮城	いけみやぎ
安良城	あらぐすく　あらき　あらしろ
安堵城	あんどしろ
安楽城	あらしろ
仲新城	なかしんじょう
江馬城	えばじょう
多満城	たまき
宇江城	うえき　うえしろ
宇津城	うつき　うつしろ
宇都城	うつしろ
西小城	にしこしろ
伊丹城	いたみしろ
伊舟城	いばらぎ　いふねき
伊勢城	いせしろ
佐々城	ささき
谷ヶ城	たにがしろ
沖之城	おきのしろ
東坊城	ひがしのぼうしろ　とうぼうじょう
東新城	とうしんじょう
知屋城	ちやじょう
波名城	はなしろ
和南城	わなじょう
幸勢城	こうせじょう
翠宮城	ぐしみやぎ
前栄城	まえしろ
前新城	まえしんじょう　まえあらしろ
南坊城	みなみぼうじょう

玻名城　はなしろ
真栄城　まえぎ　まえしろ
真新城　ましろき
真榮城　まえしろ
桑宮城　くわみやぎ
浦恩城　うらおんじょう
高津城　たかつしろ
高宮城　たかみやぎ
眞栄城　まえしろ
眞榮城　まえしろ
登別城　とべき
登野城　とのしろ
葛野城　ふじのき
豊見城　ふみしろ　とみしろ
與那城　よなしろ
慶田城　けたしろ　けだしろ

【○○院】

二条院　にじょういん
入来院　いりきいん
入來院　いりきいん
三光院　さんこういん
大楽院　だいがくいん
円徳院　えんとくいん
牛尿院　ねばりいん
比売院　ひめだ
正法院　しょうほういん
正眞院　しょうしんいん
弘福院　こうふくいん
西洞院　にしのとういん
伊集院　いじゅういん
安心院　あじみ　あじむ
安居院　あぐい　あごいん　あぐいん
安詮院　あぜぶ
安養院　あよういん
多宝院　たほういん
多門院　たもんいん
多寶院　たほういん
光明院　こうみょういん
花山院　かざんいん
寿福院　すぶいん

妙音院	みょうおんいん
赤居院	あかいいん
快勝院	かいしょういん
邪答院	きとういん　けどういん
東洞院	ひがしどういん
明王院	みょうおういん
明光院	みょうこういん
弥勒院	やきいん　みろくいん
林光院	りんこういん
法光院	ほうこういん
法龍院	ほうりゅういん
国安院	くにやすいん
知足院	ちじいん
知覧院	ちらんいん
長松院	ながまついん
京宝院	きょうほういん
祁答院	けどういん　きとういん
南岳院	なんがくいん
後醍院	ごだいいん　ごだい
勇楽院	ゆうがくいん
専徳院	せんとくいん
持明院	じみょういん　じめいいん
鬼龍院	きりゅういん
珠明院	しゅみょういん
烏集院	うすのいん
清光院	せいこういん
深命院	しんめいいん
彩加院	しゃかいん
彩賀院	しゃかいん
密寶院	みっぽういん
賀陽院	かよういん
須賀院	すがいん
普光院	ふかいん
貴宝院	きほういん
景光院	けいこういん
雲林院	うんりんいん　うじい　うじいん　うりいん
蓬乗院	ほうじょういん
感林院	かんりんいん

鳳龍院　ほうりゅういん
慶光院　けいこういん
實法院　みほういん
頤神院　いしんいん

【○○見】
八重見　やえみ
九首見　くすみ
九頭見　くずみ
下塩見　したしおみ
久保見　くぼみ
四野見　しのみ
方波見　かたばみ
田二見　たじみ
田苗見　たなめ
加賀見　かがみ
立川見　たつかわめ
伊豆見　いずみ
伊佐見　いさみ
伊路見　いじみ
宇津見　うつみ
多治見　たじみ
仲二見　なかふたみ
佐々見　さきみ
長谷見　はせみ
阿左見　あさみ
阿佐見　あさみ
阿間見　あまみ
明日見　あすみ
押野見　おしのみ
長谷見　はせみ
周参見　すさみ
南志見　なじみ
竜川見　たつかわめ
竜波見　たつばみ
渋田見　しぶため
曽我見　そがめ
都志見　つしみ
富賀見　ふかみ
御志見　おじみ

【○久保】

一久保	いちくぼ
七久保	ななくぼ
八久保	やくぼ
十久保	とくぼ
三久保	みくぼ
丑久保	うしくぼ
六久保	むくぼ
内久保	うちくぼ
切久保	きりくぼ
田久保	たくぼ
穴久保	あなくぼ
以久保	いくぼ
永久保	ながくぼ
目久保	めくぼ

江久保	えくぼ
老久保	おいくぼ
舟久保	ふねくぼ
足久保	あしくぼ
忍久保	おしくぼ　しのくぼ
赤久保	あかくぼ
朽久保	くちくぼ
空久保	そらくぼ
弥久保	やくぼ
乳久保	ちちくぼ
松久保	まつくぼ
舎久保	きさくぼ
彦久保	ひこくぼ
前久保	まえくぼ

柚久保	ゆずくぼ
南久保	あめくぼ　みなみくぼ
栃久保	とちくぼ
後久保	あとくぼ
追久保	おいくぼ
神久保	かみくぼ
高久保	たかくぼ
鬼久保	おにくぼ
舩久保	ふなくぼ
荻久保	おぎくぼ
級久保	またくぼ
猪久保	いくぼ
國久保	くにくぼ
間久保	まくぼ

裏久保　うらくぼ
落久保　おちくぼ
雷久保　らいくぼ
愛久保　あいくぼ
頭久保　かしらくぼ
鍋久保　なべくぼ
藤久保　ふじくぼ
蟹久保　かにくぼ
露久保　つゆくぼ

【久保○】

久保口　くぼくち
久保木　くぼき
久保井　くぼい
久保石　くぼいし
久保尻　くぼしり
久保市　くぼいち
久保向　くぼむかい
久保多　くぼた
久保見　くぼみ
久保佐　くぼさ
久保良　くぼら
久保秋　くぼあき
久保庭　くぼにわ
久保島　くぼしま
久保倉　くぼくら
久保根　くぼね
久保奥　くぼおく
久保賀　くぼか
久保頭　くぼがしら
久保藤　くぼとう

【○風呂】

山風呂　やまぶろ
上風呂　かみふろ
中風呂　なかふろ
石風呂　いしふろ
岡風呂　おかふろ
津風呂　つぶろ
建風呂　たてぶろ
宮風呂　みやぶろ
釜風呂　かまぶろ

【風呂○】
風呂山　ふろやま
風呂内　ふろうち
風呂井　ふろい
風呂田　ふろた
風呂本　ふろもと
風呂迫　ふろさこ
風呂屋　ふろや

【○屋敷】
大屋敷　おおやしき
中屋敷　なかやしき
小屋敷　こやしき
今屋敷　いまやしき
引屋敷　ひきやしき
出屋敷　でやしき
古屋敷　ふるやしき
仮屋敷　かりやしき
向屋敷　むこうやしき
赤屋敷　あかやしき
沢屋敷　さわやしき
宝屋敷　たからやしき
金屋敷　かねやしき
城屋敷　しろやしき
神屋敷　かみやしき
後屋敷　ごやしき
鬼屋敷　きやしき
馬屋敷　うまやしき
桜屋敷　さくらやしき
脇屋敷　わきやしき
株屋敷　かぶやしき
猫屋敷　ねこやしき
産屋敷　うぶやしき
寅屋敷　とらやしき
奥屋敷　おくやしき
藤屋敷　ふじやしき
蟹屋敷　かにやしき
寶屋敷　たからやしき
櫻屋敷　さくらやしき
鷹屋敷　たかやしき

【藤○○】

藤ノ神　ふじのかみ
藤十郎　とうじゅうろう
藤ヶ嵜　ふじがさき
藤士池　ふじいけ
藤三氏　ふじみょうじ
藤王路　ふじおうじ
藤矢淵　ふじやぶち
藤平藏　とへぞう
藤牟礼　ふじむれ
藤兵エ　とうべえ
藤明力　とめりき
藤真瀬　ふじませ
藤葉良　ふじはら

【○藤○】

八藤丸　やとうまる
八藤後　やとうご
与藤平　よこへ
加藤佐　かとうさ
向藤原　むこうふじわら
佐藤山　さとやま
佐藤沢　さとざわ
佐藤根　さとうね
斎藤日　さいとうび
遠藤分　おとうほけ
横藤田　よこふじた

【○○藤】

一之藤　いちのふじ
一加藤　いちかとう
二伊藤　にいとう
三佐藤　みさとう
子出藤　ねでふじ
中佐藤　なかさとう
田替藤　たがえとう
由比藤　ゆいとう
加賀藤　かがふじ
伊勢藤　いせふじ
佐々藤　ささとう
佐伊藤　さいとう
茂戸藤　もとふじ

神子藤　かみことう
細工藤　さいくとう

酢矢藤　すやとう
鏡斉藤　かがみさいとう

第五章　「四字」以上の奇・珍・難・不思議名字

空前絶後のお名前

四文字及び、それ以上の名字は、奇・珍・難・不思議の宝庫です。一尺二寸、一番合戦、子子子子、四月朔日、言語同断、春夏秋冬、等がありますが、なかでも――
大無我平院殿発悟理二郎入道源△□○
これ、名字なの？　名前なの？　想像してみてください。殿までが名字だそうです。「たむがびょういんでんほっこりじろうにゅうどうみなもとのみようまる」と読みます。
その他にも、書類などの記入欄に収まりきれないほど長い名字も数多くありますが、授かった宝物です。愛して丁寧にお取り扱いください。

【四文字以上の名字】

一尺二寸　かまえ　かまつか　かまのえ
一尺二寸五分　かまえ　かまつか　かまのえ
一尺八寸　かまづか　かまつか
一天満谷　いてまだに
一番ヶ瀬　いちばんがせ　いかりや　いちまかせ
一番合戦　いちまかせ　いちいくさ　いちばんがっせん　ういじん
二ノ久保　にのくぼ
二十九里　ひずみ
二井屋田　にいやた　はしかた　はしわた
七七五分　みつつき　みつづき　みつわた　みみずき
七寸五分　はしたか　くずはた　くつわた　ともかわ
七五三掛　しめかけ
七五三野　しめの
八十一鱗　くくり
八十八間　はとやま　やそやま
八九十三　やくとみ
八木ヶ谷　やぎがや
八五郎丸　やごろうまる
八月一日　ほずみ　はっさく
八月十五日　なかあき
八月朔日　わたいれ　ほずみ
九十九里　つくもり　つぐもり
九十九院　つくもいん　つるしい
九寸五分　くずはた　かずはた
九頭龍坂　くずりゅうざか
十二月一日　しわすだ
十二月二十九日　つめづめ
十二月三十一日　ひずめ
十二月晦日　ひなし　ひずめ
十七夜月　かのう
十八女村　さかりむら
十々呂木　とどろき

入与那国　いりよなくに
入野熊谷　いりやくまがや
入慶田本　いりけたもと
小四郎丸　こしろうまる
小右衛門　こうえもん
小茄子川　こなすがわ
小泊瀬舎人　おはせとねり
小笠原左衛門尉亮軒　おがさわらさえもんのじょうりょうけん
小椎八重　こしばえ
小間物谷　こまものや
久多良木　くたらぎ
九寿米木　くずめぎ　くすまき

久保野谷　くぼのや
久冨木原　くぶきはら
久壽米本　くすめき
土々呂木　とどろき
土佐賀茂部　とさかもべ
上与那原　かみよなはら
上中別府　かみなかべっぷ
上中屋敷　かみなかやしき
上毛野陸奥　かみつけぬむつ
上打田内　かみうったない
上加世田　かみかせだ
上赤生所　かみあかせしょ
上身野坂本　かみつけぬさかもと

上尾野辺　かみおのべ
上野毛石　うえのもと
山田小路　やまだのこうじ
山田大路　やまだのおおじ
山代猪甘　やましろいかん
山谷架橋　やまやかわ
下小野田　しものだ
下毛野陸奥　しもつけぬむつ
下加世田　しもかせだ
下四日市　しもよっかいち
下地頭所　しもじとうしょ
下西ノ園　しもにしのその
下松八重　しもまつばえ
下神納木　しもかんなぎ　しも

こうのき
下新井田　しもにいた
三方一方　くつわだ
三方一所　くつわ　さんぶいっしょ
三斗九升　しとずと　ひとつて
三佐々川　みささがわ
三野國之本巣　みのくにのもとす
万万千野　たけまた
万年青平　おもとのひら
万里小路　までのこうじ
大文字屋　だいもんじや
大正水流　おおまさずる
大身狭屯倉田部　おおむさみやけのたべ
大角隼人　おおすみのはやひと
大豆生田　おおまめうだ
大伴櫟津　おおともれきつ
大和酒人　やまとさかと
大和源氏　やまとげんじ
大炊御門　おおいみかど
大椋置始　おおくらのおきそめ
大蝮壬部　おおふくにんべ
凡人中家　おおしびとのなかいえ
弓削御浮　ゆげおぶ
子子子子　すねこし　わこじし
巳巳巳巳　いえしき
千余魚沢　かれいざわ
五十山田　いかいだ
五十井田　いかいた
五十公野　いずみの　いぎみの
いじみの
五十里屋　いかりや
五十物語　あいもの
五十鈴川　いすずがわ
五十旗頭　いおきべ
五月七日　つゆり
五百旗部　いおきべ
五百旗頭　いおきべ
五百簱頭　いおきべ

五所野尾	ごしょのお
中臣忌寸	なかとみのきすん
中臣幡織田	なかとみのはおりだ
中新井田	なかにいだ
日ヶ久保	ひがくぼ
日下部馬津	くさかべまつ
日向諸縣	ひゅうがもろあがた
日奉舎人	ひまわりとねり
丹生神奴	にふしんど
内藏職員	うちくらしょくいん
文珠四郎	もんじゅしろう
文鰩魚越	あごこえ
今久留主	いまくるす
王来王家	おくおけ
六月一日	うりはり　うりわり
比々羅木	ひひらぎ
木國之酒部	きくにのしゅべ
井ノ久保	いのくぼ
井手野下	いでのした
四十八願	よいなら　よそなら
四十九院	つるしいん
四十九願	よいなら　よそなら
四十万谷	しじまや
四十物谷	あいものや
四月一日	わたぬき
四月朔日	わたぬき　つぼみ
他田日奉	たたひまわり
巨勢斐太	こせのひだ
平群味酒	へぐりみさけ
石千万億	つもい　つもる
左右左良	さゆうさら
左衛門三郎	さえもんさぶろう
布都留物部	ふつるものべ
右衛門左	うえもんのすけ　よもさ
由比ヶ浜	ゆいがはま
正月一日	あお
目色部真時	ましこべまとき
外種子田	ほかたねだ
本二日市	もとふつかいち
市ノ木山	いちのきやま

西大立目　にしおおたてめ　にしおおたちめ
西杢比野　にしむくひの
西波照間　にしはてるま
西馬音内　さいばねうち
宇佐木田　うさきだ
宇治土公石　うじとこいし
宇麻具多　うまくた
伊江大城　いえおおしろ
伊波萬也　いはませ
伊呂具秦　いろくはた
伊勢神麻績　いせがみまつぎ
牟田神西　むたがみにし
牟田神東　むたがみひがし

吉弥侯部　きみこべ
吉備石天別　きびいしえべつ
竹之木進　たけのしん
竹志戸狛　ちくしとこま
次郎垣内　じろうかいと　じろうかきうち
安努建部　あどたてべ
多遅間竹　たちまたけ
百千万億　つもい　つもる
当寺ヶ盛　とうじがもり
当時久保　とうじくぼ
名小路谷　なこじや
百舌鳥土師　もずとし
百済安宿　くだらあすか

百濟飛鳥戸　くだらあすかど
佐伯日奉　さえきのひまわり
佐衛門三郎　さえもんさぶろう
尾張丹羽建部　おはりたんばたてべ
忍海戸狛　おしぬみこま
志賀穴太　しかのあなほ
花柳寿々　はやなぎすず
近淡海之御上　ちかつおおみのごじょう
那波多目　なばため
言語同断　てくらだ
谷谷谷　たにかべやつや
東小橋川　ひがしこばしがわ

東久部長　ありくぶら　とくべら
東仲宗根　ひがしなかそね
東杢比野　ひがしむくひの
東與那覇　とよなは
東漢坂上　やまとのあやのさかがみ
東嘉弥真　ひがしかやま
長谷置始　はせのおきそめ
長里八馬　いりやご
阿久刀川　あくたがわ
阿太肥人　あたひと
阿古志海　あくしみ
阿世比丸　あせびまる

阿多御手犬養　あたのみてのいぬかい
阿留多岐　あるたき
阿座見野　あざみの
阿倍信夫　あべのぶお
阿閉間人　あべのはしびと
武士小路千家　むしゃこうじせんけ
武士垣外　ぶしかいと
波々伯部　ははかべ　ほうかべ
波々賀利　はばかり
波波伯部　はばかべ
物部借馬　もののべかりま
河内懸部曲　こうちかぶまがり

岡田垣内　おかだがいと
奈良己知部　ならこちべ
奈良譯語　ならおさ
依網屯倉　いやみみやけ
依羅物忌　よさみものいみ
和爾神人　わにみわびと
金助馬把　かなすけばばえ
松七五三　めでたし　がんたん　まつしめ
国背穴人　くにせししひと
奄智白幣　あんちはくへい
周敷伊佐世理　すしいさせり
岩屋ヶ野　いわやがの
津津喜谷　つつきだに

春夏秋冬	ひととせ
美々久保	みみくぼ
兎田主水	うだもんど
美濃矢集	みのやす
香取大禰宜	かとりおおねぎ
前伊礼門	まえいれいじょう
前佐嘉伊	まえさかい
後嵯峨源	うしろさがげん
狭狭城山	ささきやま
南波佐間	なばさま
飛鳥衣縫	あすかいほう
茜ヶ久保	あかねがくぼ
祖母仁田	そぼにた
祝井沢口	いわいさわぐち
風呂ノ上	ふろのかみ
禹豆麻佐	うずまさ
城丘前來目	じょうがおかまえきめ
背戸川内	せとかわうち
背戸土井	さとどい
浅ヶ谷内	あさがやうち
浅見河内	あさみかわち
高向調使	たかむこちょうし
高志利波	たかしりは
息長丹生	おきながのにぶ
烏帽子田	えぼしだ
秦佐比佐	しんすけひさ
倭漢忌寸木津	やまとのきすきつ
恵美須屋	えびすや
桓武平氏	かんむへいし
倶利伽羅	くりから
蚊屋衣縫	みずちゃいぼう
艶前舎人	せいぜんとねり
姫島瀧見	ひめじまたきみ
真神田曾禰	まかみだのそね
神麻加牟陀	かみまかむだ
鳥居大路	とりいおおじ
宮上野山	みやかみのやま
勘解由小路	かでのこうじ
勘衛門三郎	かんえもんさぶろう

都岐沙羅柵	ときさらさく
猜ヶ宇都	あべかうと
野間川内	のまかわうち
麻加牟陀	あさかむだ
參阿御使	みかわごし
釈迦牟尼仏	にくるべ
猪ノ子石	いのこいし
猪ノ立山	いのたてやま
須ヶ牟田	すがむた
須受武良	すうけむら
御菩薩木	みぞろぎ
湯坐亘理	ゆざわたり
筑紫弦田物部	つくしげんだもののべ
曾縣主岐	そけんしゅき
朝妻子午	あましご
椋橋湯坐	くらはしゆざ
靭負丹比	ゆげいたちひ
遊井名田	ゆいなた
極月晦日	ひずめ　ひなた
無量小路	むりょうこうじ
喜美侯部	きみこうべ
葛木當麻倉	かつらぎとまくら
鉄地河原	てちがわら
源五郎丸	げんごろうまる
愛宕八郎	あたごはちろう
熊埜御堂	くまのみどう
養徳畫師	ようとくひるし
暢禰疑白髪部	かもねぎしらかみべ
影田久保	かげたくぼ
諸谷古宇	もろやこう
廣端神麻績	ひろはたじんませき
縣犬養橘	あがたけんようけつ
縣主前利	あがたぬしまえり
踰部大炊	こしべのおおい
鍛治屋敷	かじやしき
檜前調使	ひのくまちょうし
縮見屯倉	しゅくみとんくら
織田大原	おだおおはら
額田部湯坐	ぬかたべのゆえ

蘇我倉山田石川　そがくらや
まだいしかわ
釋迦牟尼佛　しゃかむにぶつ
鶴ヶ久保　つるがくぼ
鶴岡社職　つるおかやしろつかさ
讃岐田虫　さんきでんちゅう
讃岐御使　さんきみつかい
鰐田蝦夷　がくたえぞ

【「藤」関連名字】

山内首藤　やまのうちすどう
匹田斎藤　ひきださいとう

加賀斎藤　かがさいとう
疋田斎藤　ひきださいとう
四辻季藤　よつじきとう
弘岡斎藤　ひろおかさいとう
白木新藤　しらきしんとう
吉原斎藤　よしはらさいとう
吉備藤野　きびふじの
伊藤次郎左衛門祐洋　いとう
じろうざえもんすけ
ひろ
長井斎藤　ながいさいとう
河井斎藤　かわいさいとう

美濃斎藤　みのうさいとう
勢多斎藤　せたさいとう
横藤田藤　よこふじたとう
藤井太郎　ふじいたろう
藤井杉平　ふじいすぎへい
藤本太郎　ふじもとたろう
藤原恒見　ふじわらつねみ
藤原恵美　ふじわらえみ
藤馬之承　とうまのじょう
藤野和気　ふじのわき

おわりに

過去に購入した名字関連書籍の中から珍しい氏名である「場鹿有太」「馬賀雄奈」のメモが出てきました。何と読むのか、見付けた瞬間に？？？ウフフ……何故、こんな名前をメモしていたのか。今となっては不明です。現実に実在していたのか、これ以上追求しないことにしました。

二十数年間、「名字」「苗字」に魅せられ蒐集してきましたが、「字」と「字」の不思議な組合せをよくもこんな名字に！　疑問符がつく名字がたくさん実在します。しかし、それはそれなりに大義があるから御先祖様がつけてくださった名字であり、他人様の出るまくは全くありません。「変えること」「捨てること」はまず絶対にできません。これからも共に愛し後世にバトンタッチして繁栄を願うこと以外にありません。「自分の名字」を愛し家族の幸、安全を願うこと、人間の使命として誇りに思う一生を過ごしたいものです。

奇、珍、難、不思議な名字であったとしても他人様がとやかく言うべきものではありません。それが「名字とは」の定義と言うものではないでしょうか。世の平和を願って幸をつかむことが人間としての役目でしょう。

この世に生を受けた以上、一人の人間として「名字」を命の次に大切にしたいものです。

本書の刊行に際しましては多大なるご指導ご援助くださいました㈱文藝春秋企画出版部の和賀正樹様をはじめ多くの方々に大変お世話になりましたこと、末尾ながら謝意を表したいと思います。ありがとうございました。

２０２３年　４月

佐藤芳也

参考文献

『「別冊歴史読本」日本の苗字ベスト30000』新人物往来社
『「別冊歴史読本」ベスト10000』新人物往来社
『「歴史読本」2010①』新人物往来社
『県別名字ランキング事典』森岡浩　東京堂出版
『知っていそうで知らない　日本人の名字なるほどオモシロ事典』森岡浩　日本実業出版
『読めなくて困る名字の本』竹田はなこ　WAVE出版
『決定版！　名字のヒミツ』森岡浩　朝日新聞出版
『トク盛り「名字」丼　日本全国歩いた！　調べた！』高信幸男　柏書房
『日本人の姓』佐久間英　六藝書房
『難読苗字辞典』新藤正則　湘南社
『珍姓奇名』佐久間英　早川書房
『あっと驚く苗字不思議』丹羽基二　PHP研究所
『新選漢和辞典』小林信明編　小学館
『日本の苗字』渡辺三男　毎日新聞社
『日本人のおなまえっ！　日本がわかる名字の謎』NHK番組制作班・編　森岡浩・監修　集英社インターナショナル
『難読・稀少名字大事典』森岡浩　東京堂出版

著者紹介

佐藤芳也（さとう　よしなり）

1935年、広島県福山市生まれ。

1961年、伊藤忠燃料（現伊藤忠エネクス）入社。

定年退職後、以前の勤務地の札幌に移住して25年。その間、趣味の篆刻の作品集『篆刻を嗜《たの》しむ』を出版。次に名字「藤」の字の世界に嵌って『全国1000万人の「藤」の字の世界』を出版。その後、存在価値、希少価値の高い「名字」蒐集にはしり、今回の『奇・珍・難・不思議「名字」百科』の出版に至る。

奇《き》・珍《ちん》・難《なん》・不《ふ》思《し》議《ぎ》「名《みょう》字《じ》」百《ひゃっ》科《か》

二〇二三年四月一八日　初版第一刷発行

著者　佐《さ》藤《とう》芳《よし》也《なり》
発行　株式会社文藝春秋企画出版部
発売　株式会社文藝春秋
〒一〇二―八〇〇八
東京都千代田区紀尾井町三―二三
電話〇三―三二八八―六九三五（直通）
装丁　箕浦卓
本文デザイン　落合雅之
印刷・製本　株式会社フクイン

ISBN978-4-16-009044-6